Edition Paashaas Verlag

EPV

Titel: So'n Herzensding – eine Sammlung Mut
Autor: Christiane Fischer
Originalausgabe Juli 2023
Covermotive: Pixabay
Covergestaltung: Michael Frädrich
Lektorat: Renate Habets, Manuela Klumpjan
Printed: BoD GmbH, Norderstedt

ISBN: 978-3-96174-124-3

Die Deutsche Nationalbibliothek verzeichnet diese Publikation in der Deutschen Nationalbibliografie; detaillierte bibliografische Daten sind im Internet über http://dnb.d–nb.de abrufbar

So'n Herzensding – eine Sammlung Mut

Christiane Fischer

Inhalt

Vorwort

Dieses Buch ist ein Herzensprojekt und ist all denjenigen gewidmet, die sich gerade einsam, unverstanden, anders und verletzt fühlen.
Die Protagonisten dieser Geschichten haben mit schlimmen Schicksalsschlägen zu kämpfen. Sie fühlen Schmerz, Hoffnungslosigkeit und Angst.
Unterdrückung, Mobbing oder ein Verlust haben bei den meisten von ihnen zu Depressionen geführt.
Eine Depression wird leider von einigen Menschen immer noch nicht richtig verstanden, und sie tun es als eine übertriebene Reaktion ab, nehmen den Betroffenen nicht ernst. Nicht selten folgen dann Worte wie: „Mensch, jetzt reiß dich mal zusammen! Du hast überhaupt keinen Grund zu heulen!"
Eine Depression ist eine anerkannte Krankheit.

Ihr geht momentan durch eine schwere Zeit? Ihr seht kein Licht am Ende des Tunnels?
Diese sechs Geschichten voller Hoffnung und Stärke sollen euch Mut machen, sollen euch zeigen, dass ihr nicht alleine seid und dass es IMMER einen Ausweg gibt, auch wenn es sich zunächst nicht so anfühlt.
Einige der Geschichten sind fiktiv, andere autobiographisch.
Ich möchte euch gern an die Hand nehmen und zusammen mit euch ein Stück eures Weges gehen. Kommt ihr mit mir?

Das Telefonat

„Hm, ha…, hallo?“

„Meißner hier. Carlo Meißner. Ist Herr Dehmler zu sprechen?“

„…“

„Hallo?“

„Ähm, nein. Nein, Sie …, Sie müssen sich verwählt haben. Mmpf …“

„Hey, ist alles in Ordnung bei Ihnen? Es hört sich an, als ob Sie …, na ja, ich möchte Ihnen nicht zu nahe treten, aber weinen Sie gerade?“

„Ich … Ähm …, das ist unwichtig. Ich werde jetzt auflegen. Machen Sie es gut.“

„Nein, bitte! Warten Sie!“

„Wieso?“

„Können Sie mir vielleicht Ihren Namen verraten?“

„Was spielt das für eine Rolle? Sie haben doch bloß die falsche Nummer gewählt.“

„Für mich ist es schon wichtig zu erfahren, mit wem ich gerade rede.“

„Matilda. Ich heiße Matilda.“

„Matilda. Ein sehr schöner Name.“

„Tzz ...“

„Finden Sie etwa nicht?“

„Es ist egal, was ich finde. Alles ist egal.“

„Was meinen Sie damit? Ich will wirklich nicht neugierig sein, aber ...“

„Aber was?“

„Bitte, Matilda, Sie klingen so verzweifelt. Ich habe wirklich gerade das dringende Bedürfnis ...“

„Hören Sie mal, Carlo ... Carlo war doch richtig, oder?“

„Ja, ganz genau.“

„Was gehen Sie meine privaten Sachen an? Ich frage ja auch nicht, wen genau Sie gerade erreichen wollten.“

„Das kann ich Ihnen verraten. Das war mein Prof. Ich studiere Architektur und ...“

„Schluss jetzt! Ich habe keine Zeit mehr dafür, ich ...“

„Bitte, nicht weinen! Manchmal hilft es, einfach darüber zu reden.“

„Es …, es gibt nichts mehr zu reden. Niemand auf der Welt kann mir noch helfen …, ich …“

„Hey, hey, ganz ruhig!“

„…“

„Hallo? Sind Sie noch da? Matilda?“

„J…, ja.“

„Bitte erzählen Sie es mir. Erzählen Sie mir, was Sie so verzweifelt macht.“

„Das sollte ich besser nicht tun. Leben Sie wohl, Car…“

„Halt! Bitte warte.“

„Was denn noch, Carlo?“

„Ich weiß, ich bin eine Nervensäge, aber du klingst so traurig, so verzweifelt …“

„Nun, das bin ich auch. Hören Sie mal …“

„Du! Sag ruhig du zu mir!“

„Okay. Hör mal, Carlo, ich weiß deine Fürsorge für eine Fremde wirklich zu schätzen, aber sie bringt mich auch nicht weiter. Ich stecke gerade in einer sehr schwierigen Lage und habe vorhin eine Entscheidung für mich getroffen.“

„Also hast du doch eine Lösung gefunden.“

„Ja, kann man so sagen. Ich habe nur noch einen Ausweg, damit das alles endlich aufhört.“

„Puh, irgendwie klingt das nicht so gut. Würdest du mir vielleicht verraten, welchen du meinst, denn keine Ahnung … Irgendwie habe ich eine Vermutung, und ich hoffe, ich täusche mich. Bitte sag mir, dass es nicht das ist, was ich gerade denke.“

„Tzz... Du ..., du rufst mich einfach wie aus dem Nichts an, stellst neugierige Fragen und tust jetzt so, als ob wir uns schon ewig kennen würden ..."
„So kommt es mir aber vor."
„Klar ..."
„Das klang jetzt sarkastisch."
„Was erwartest du? Ich kenn dich doch nicht einmal ..."
„Matilda, bitte verrate mir, was du gerade, bevor ich dich angerufen habe, vorhattest. Wenn doch alles so egal für dich ist, dann dürfte es dich ja auch nicht stören, einem fremden, neugierigen Kerl deinen Plan zu verraten."
„Also gut. Ich hatte gerade alle Schlaftabletten aus meiner Packung mit einem Mörser zerstoßen und wollte alles in einem Glas Rotwein auflösen und trinken, bevor mein Handy geklingelt hat. Eigentlich weiß ich überhaupt nicht, warum ich drangegangen bin. Hätt ich es mal lieber nicht getan ..."
„Hör zu, es ist gut, dass du abgenommen hast. Ein Teil von dir will das alles hier nicht, sonst hättest du einfach klingeln lassen. Verstehst du? Das war Schicksal, dass ich deine Nummer gewählt habe."
„Ach, jetzt hör aber auf! Das war nichts weiter als ein dummer Zufall. Ich glaube nicht mehr an irgendeinen Hokuspokus."
„Bitte, Matilda, tu es nicht."
„Ach, Carlo, ich hätte dich da jetzt nicht mit reinziehen sollen. Jetzt fühlst du dich natürlich verpflichtet, mich davor zu bewahren."

„Allerdings. Es ist gut, dass du es mir verraten hast. Und soll ich dir noch was verraten, Matilda? Auch, dass du mit mir, einem Fremden, darüber gesprochen hast, zeigt mir nur, dass ein Teil von dir das alles hier eigentlich nicht will. Es gibt immer eine Lösung, glaub mir!“

„Tzz … Für mein Problem nicht. Du versuchst das nur auf die psychologische Tour, schon klar. Mein Entschluss steht fest. Ich werde heute Nacht sterben.“

„Hör mal, ich mache dir einen Vorschlag: Es ist gerade 20:36 Uhr. Erzähl mir deine Geschichte. Danach kannst du dich ja immer noch umbringen. Vielleicht aber, nur vielleicht, schaffe ich es auch, dich umzustimmen.“

„Carlo, dein Einsatz rührt mich wirklich sehr, aber ich denke nicht, dass mich jemand umstimmen kann.“

„Haben wir einen Deal, Matilda?“

„Also gut. Ich erzähle dir alles, was dazu geführt hat, dass ich jetzt in dieser Situation stecke. Aber vorweg: Das dauert.“

„Ich habe heute Abend nichts weiter vor. Ich sitze gerade auf meinem Sofa, niemand ist in meiner Wohnung, ich lebe allein. Nur, dass du´s weißt. Ich habe Zeit.“

„Willst du dir noch schnell etwas zu essen machen, oder hast du schon zu Abend gegessen?“

„Ich habe tatsächlich schon etwas gegessen. Ich bin vorhin über den Weihnachtsmarkt gegangen, der grenzt direkt an die Straße, in der ich wohne. Ich habe gebratene Champignons vertilgt, die mag ich am liebsten. Danke jedenfalls, dass du dich um mein Wohlergehen sorgst.“

„Ich habe den Weihnachtsmarkt früher auch geliebt, besonders abends. Seine bunten Lichter erleuchten die Dunkelheit. Den Geruch von gebrannten Mandeln und Bratäpfeln habe ich als Kind ganz tief in mich eingesogen. Am liebsten war ich auf dem Pferdekarussell, habe Lebkuchen gegessen und den Weihnachtsliedern gelauscht. Einem Weihnachtsmarkt wohnt ein ganz besonderer Zauber inne. Ich war allerdings schon seit drei Jahren auf keinem mehr."

„Wieso?"

„Ich habe irgendwie die Freude daran verloren."

„Das tut mir leid."

„Egal jetzt. Wir sind abgeschweift."

„Stimmt. So, Matilda, ich bin ganz Ohr."

„Puh, also ..., also schön. Wo fange ich da jetzt an? Ich war von Beruf Produktmanagerin bei einer großen Firma, der Name tut jetzt nichts zur Sache, noch nicht jedenfalls. Es ist ein Familienunternehmen, weißt du."

„Verstehe. Welche Produkte stellt diese Firma her?"

„Hauptsächlich intelligente Produkte wie Roboter-Staubsauger oder auch eine Mütze mit integrierten Kopfhörern zum Musikhören und zum Telefonieren."

„Ah, das klingt interessant."

„Es stand von Anfang an fest, dass ich einmal in der Firma meines Vaters arbeiten würde. Darüber hatten wir schon gesprochen, als ich erst fünf Jahre alt war. Es war nicht so, dass es mir aufgezwungen wurde, wie es andere Eltern mit ihren Kindern machen.

Es war letztendlich mein Wunsch. Mein Vater wollte immer, dass ich glücklich bin mit dem, was ich tue."

„Das finde ich richtig so. Klingt nach einem vernünftigen und liebevollen Mann."

„Das ..., das war er ja auch."

„Ganz ruhig, Matilda, nicht weinen. Dein Vater ist also gestorben? Das tut mir sehr leid."

„Ja, er ist vor zwei Jahren ... "

„Schh ... Ganz ruhig."

„Ich hole mir jetzt ein Taschentuch. Dann gehe ich auch in mein Wohnzimmer, denn ich stehe immer noch in meiner Küche und blicke aus dem Fenster."

„Ja, mach ganz in Ruhe. Ich warte."

„Kein Problem, ich rede währenddessen weiter. Ich habe meinem Vater als Kind oft dabei zugesehen, wenn er unten in seinem Arbeitszimmer, das sich im Keller befand, mal wieder etwas total Verrücktes erfunden hat. Ich war wahrscheinlich das einzige Mädchen, das einen Trinkautomaten für ihre Kuscheltiere hatte, der direkt das Obst zerkleinert, püriert und schließlich trinkfertig abgefüllt hatte. Natürlich war er für mich gedacht, nicht für meine Kuscheltiere. Papa wollte damit erreichen, dass ich mehr Obst zu mir nahm, und es funktionierte. Dieser monströse Apparat stand in meinem Kinderzimmer und ich holte mir stets neues Obst aus der Küche und bereitete Fruchtsäfte und Smoothies für meine Kuscheltiere zu, die ich dann allein austrank."

„Er war wirklich ein sehr schlauer Mann."

„Ja, das war er. Er war ein toller Ehemann für meine Mutter und ein großartiger Vater für mich."
„So ein tolles, inniges Verhältnis hatte ich leider nie zu meinen Eltern. Meine Träume hatten sie oft und gerne als Phantastereien abgetan und nicht weiter zugehört. Na ja, trotzdem besuche ich sie einmal im Monat. Sie sind so, wie sie eben sind."
„Was hattest du denn für Träume?"
„Ach, ich hatte mit fünfzehn den Wunsch, ein modernes Krankenhaus mit Fluglandeplatz zu entwerfen. Es sollte aber nicht so aussehen wie alle Krankenhäuser, also nicht so bieder, so steril. Es sollte fröhlich sein, mit vielen bunten Farben und Kunstwerken an den Wänden."
„Das ist wirklich ein schöner Traum."
„Tja, meine Mutter hatte zu mir gemeint: ´Hör auf, Luftschlösser zu bauen, du Tagträumer.´"
„Aber unerreichbar ist dieser Traum doch nicht."
„Ja, klar. Aber so ist eben meine Mutter. Egal jetzt. Wir schweifen wieder ab. Erzähl weiter!"
„Irgendwie hatte ich immer diese ganz besondere Komplizenschaft mit meinem Vater. Im Nachhinein vermute ich, dass meine Mutter insgeheim ein bisschen eifersüchtig darauf gewesen war, denn mein Vater und ich verbrachten einfach mehr Zeit miteinander. Ich war als Teenager lieber unten in seiner Kammer und lauschte seinen neuen Ideen – ganz fasziniert war ich davon – als mit ihr zusammen shoppen zu gehen."
„Hehe, verstehe."

„Jedenfalls hatte ich dann mit sechzehn eigenen Ideen. Ich hatte sie allesamt aufgeschrieben und in einer Mappe aufbewahrt. Auch Papa hat mir stets alle seine Einfälle für die Firma verraten, ganze Entwürfe, und sie sogar zu meinen Ideen in die Mappe gelegt. Er vertraute Ideen, die vielleicht Millionen von Euros einbringen konnten, seiner Teenager-Tochter an. Welcher Geschäftsmann tut so etwas schon?“

„Wow! Da stimme ich dir zu.“

„ …“

„Alles in Ordnung, Matilda?“

„Ja, es geht schon. Ich habe mich gerade nur daran erinnert, als mein Vater eines Tages einen meiner Einfälle auf den Markt brachte. Er war überzeugt davon, er glaubte an mich.“

„Was hattest du für einen Einfall gehabt?“

„Es war ein Kugelschreiber mit integriertem Radio.“

„Klingt wirklich sehr pfiffig. So einer wäre was für mich, wenn ich den ganzen Tag an meinem Schreibtisch sitze, hehe.“

„Nach meinem Abitur bin ich direkt in die Firma eingestiegen. Papa hatte mir alles beigebracht, was er wusste. Er erklärte mir Buchhaltung, Tabellenkalkulationen übte er mit mir. Meine Mutter hatte anfangs gewollt, dass ich erst mal studieren gehe, damit ich zur Sicherheit einen Studienabschluss in der Tasche hätte. Wer wusste schon, ob unser Unternehmen sich immer halten konnte?“

„Und lass mich raten? Du und dein Vater habt euch nicht umstimmen lassen.“

„Ja, so war es. Alles, was ich heute weiß und was ich heute bin, bin ich durch meinen Vater. Mein Job dort hat mir immer großen Spaß gemacht. Sämtliche Stationen der Firma bin ich durchlaufen, kannte am Ende alles fast genauso gut wie er, würde ich meinen."

„Hatte? Dein Job hatte dir Spaß gemacht? Du arbeitest nicht mehr dort?"

„Nein. Selbst wenn das noch möglich wäre, würde ich es nicht tun, denn ich verdiene es nicht."

„Wie meinst du das?"

„Das, was ich getan habe, ist unverzeihlich. Ich habe große Schande über meine Familie gebracht und nicht nur das."

„Ich höre, wie schwer du atmest, Matilda. Wollen wir, ehe du fortfährst, uns vielleicht unser Alter verraten? Du klingst jung. Ich schätze dich auf Anfang zwanzig?"

„23, ich bin 23 Jahre. Und du?"

„Ich bin 28, habe etwas später angefangen zu studieren. Zugegeben: Ich war kein Ass in der Schule, mein Abi hatte ich nicht sofort in der Tasche, und danach schloss ich erst mal eine Ausbildung im Einzelhandel ab. Meine Eltern hatten gemeint, ein Studium und dann auch noch in Architektur wäre eine Nummer zu groß für mich. Aber eines Tages habe ich es dann doch gewagt. Ich lernte Tag und Nacht. Gott sei Dank konnte ich bei meinen Eltern wohnen und brauchte in dieser Zeit nicht zu jobben, konnte mich bloß auf mein Studium konzentrieren. Es gab wirklich viele Auseinandersetzungen mit meinen Eltern. Sie hatten

gedacht, ich würde scheitern. Doch jetzt stehe ich kurz vor meinem Abschluss."
„Das ist ja großartig! Aber stopp mal. Du sagtest doch am Anfang zu mir, dass du allein wohnst."
„Ähm, ja. Das tue ich auch seit zwei Monaten. Ein Kommilitone und Freund hat mir sein Apartment überlassen. Ich habe einen Übergangsjob gefunden und bin froh, dass ich endlich meine eigenen vier Wände habe."
„Das ist wirklich super, Carlo!"
„Danke. Na ja, jetzt muss ich nur noch bestehen."
„Wann ist Prüfung?"
„In sechs Wochen."
„Du schaffst das. Ganz bestimmt."
„Das hoffe ich doch. So, wenn du bereit bist, kannst du mit deiner Geschichte gern fortfahren."
„Ich muss zugeben, es hat ein bisschen gut getan drüber zu reden. Aber der schwierigste Teil kommt ja noch. Hach, es ..., es ist alles so schlecht gelaufen. Zugegebenermaßen hatte ich niemanden mehr, mit dem ich über all dies reden konnte. Ich habe alle meine Freunde vergrault, hab' den falschen Leuten vertraut, und ich schäme mich."
„Aber jeder macht doch mal Fehler. Ich finde, nichts kann so schlimm sein, als dass man keinen anderen Ausweg mehr sieht, als sich umzubringen."
„Wenn du plötzlich quasi ganz allein auf der Welt bist und dich tagtäglich fürchterliche Gewissensbisse plagen, dann hast du früher oder später einfach keine Kraft mehr, weiterzumachen."

„Und ..., und was ist mit deiner Mutter?"
„Ich habe ihr Schlimmes angetan. Sie wird mir nicht verzeihen."
„Hm, ich glaube, ohne zu wissen, was genau vorgefallen ist, dass sie das schon kann. Keine Kraft der Liebe ist so stark und bedingungslos wie die einer Mutter zu ihrem Kind."
„Ach, Carlo, ich werde endlich fortfahren. Zum Schluss sehen wir weiter, ob du dann immer noch derselben Meinung bist."
„Ist gut. Erzähle mir alles in Ruhe. Ich bin sicher, dass es dir helfen wird."
„Das wird zum Schluss entschieden. Weiter zu meiner Geschichte: Wie gesagt, hatte ich als Produktmanagerin in unserer Firma gearbeitet. Ich konnte Marketingkonzepte für unsere geführten Produkte erstellen. Meine Aufgabe war es, Geräte, die sich nicht mehr gut genug verkauften, auszumustern und neue ins Programm aufzunehmen. Mein Vater hatte hin und wieder ein paar tolle Entwürfe angefertigt und die Produktionen seiner Erfindungen geleitet oder hatte sich Vorschläge anderer vielversprechender Entwickler angehört und die Produkte dann ins Sortiment aufgenommen oder eben nicht. Eines Tages kam dann ein neuer Mitarbeiter in die Firma, Andreas März. Er sollte von nun an den Vertrieb leiten. Einige Berührungspunkte hatten wir in der Arbeit, so kamen wir hin und wieder ins Gespräch."
„Lass mich raten, es lief etwas zwischen euch."
„Nicht so voreilig, Carlo. Dazu komme ich später. Würdest du mich, bitte, erst erzählen lassen und mich nicht unterbrechen?"
„Oh, entschuldige. Klar."

„Sorry, dass ich so schroff war, aber ich mag es nicht, wenn mir jemand etwas vorweg nimmt. Du liegst natürlich richtig mit deiner Vermutung. Mein Vater war sehr zufrieden mit Andreas´ Arbeit. Bei einer Weihnachtsfeier hatten wir schließlich miteinander getanzt. Andreas war wirklich eine attraktive Erscheinung, groß, gut gebaut, blonde Haare, blaue Augen, und charmant konnte er sein."

„Hm ..."

„Was meinst du, mit Hm?"

„Ich dachte, ich sollte dich zu Ende erzählen lassen?"

„Ach, jetzt sei bitte nicht beleidigt. Ich möchte nur ganz gern wissen, was dieser sarkastische Unterton zu bedeuten hat!"

„Erstens bin ich nicht beleidigt und zweitens: Na, schön, das ist ein so typisches Klischee bei einem Kerl. Charmant, gut gebaut, blaue Strahle-Augen ... Gähn, Schnarch ..."

„Hihi."

„Warum lachst du? Also nicht, dass mich das jetzt stören würde. Ich höre dich wirklich gerne lachen, Matilda, und ich bin froh, dich ein wenig aufheitern zu können, aber hast du mich gerade ausgelacht?"

„Nein, ausgelacht habe ich dich sicher nicht, aber es ..., es klang irgendwie so verbittert."

„Tja, verbittert ist vielleicht ein wenig übertrieben ausgedrückt. Ich entspreche jetzt nicht diesem Ideal eines Traum-Mannes. Weder gehe ich ins Fitnessstudio noch habe ich blaue Augen. Ich denke, ich bin normaler Durchschnitt. Meine Ex hatte mich damals mit so einen Adonis betrogen. Am Ende hatte es dann geheißen: ‚Wir beide sind zu unterschiedlich, Carlo. Du bist eher ein Eigenbrötler, aber ich möchte raus in die Welt. Außerdem solltest du mal ins Fitnessstudio gehen und an deiner Figur arbeiten.‘“

„Autsch, das tut mir leid. Was hast du dann gemacht?“

„Ich habe ihr natürlich den Laufpass gegeben, und ins Fitnessstudio bin ich trotzdem nicht gegangen. Dafür habe ich mit dem Joggen angefangen. Also, nicht, dass du das jetzt falsch verstehst: Ich bin weder fett noch bin ich irgendein Bücherwurm, der eine Sozialphobie aufweist.“

„Carlo, selbst wenn, darauf kommt es auch nicht an. Das habe ich gelernt. Scheiß auf irgendwelche Muskeln, wenn er nichts im Kopf hat, und egal ist es, dass er ein makelloses Gesicht hat, wenn er keinen Humor und kein Herz besitzt.“

„Das hast du schön gesagt.“

„Wie siehst du denn aus? Beschreib dich mal!“

„Ich bin 1,80 m groß, dunkle, kurze Haare, braune Augen und trage eine Brille, aber nur zum Lesen. Da ich recht groß bin, fallen meine paar Kilos, die ich mehr auf die Waage bringe, gar nicht so auf. Aber um ein bisschen besser in Form zu kommen, laufe ich dreimal die Woche für eine halbe Stunde im Park. Darf ich dich auch fragen, wie du aussiehst?“

„Ähm, ich bin 1,70 m groß, dunkelblondes Haar, habe auch braune Augen und einen sehr blassen Teint. Außerdem habe ich lauter Sommersprossen im Gesicht, die ich bewusst immer mit Puder abdecke.“

„Oh, wieso? Das ist doch etwas Besonderes. Ich habe dich gerade bildlich vor Augen und finde, dass Sommersprossen niedlich an dir aussehen."
„Flirtest du gerade mit mir?"
„Ähm, ich ..., ich weiß nicht. Vielleicht ..., vielleicht ein bisschen. Ich wollte dir bloß ein Kompliment machen. Jetzt fang ich auch noch an zu stammeln. Wirklich sehr geschickt von mir."
„He, ich finde deine Reaktion darauf irgendwie süß. Nun, auch das wird mich wohl nicht von meinem Plan abbringen, aber danke!"
„..."
„Carlo? Bist du noch dran?"
„J... ja."
„Alles in Ordnung bei dir?"
„Bei mir? Dass ausgerechnet du mich das fragst! Ich bin nicht derjenige, der vorhat, sich umzubringen, Matilda. Weißt du, ich finde, du bist eine besondere Frau, und das sage ich dir nicht bloß, um dich umzustimmen, das meine ich ernst! Du bist hübsch, du bist intelligent, und der Klang deiner Stimme ist sehr schön. Ich mag es, mit dir zu sprechen. Okay, wir haben beide wohl keine Hemmschwelle, weil wir uns nicht direkt gegenüberstehen, uns nicht sehen können und vor allem, weil wir uns noch nie begegnet sind. Aber dennoch finde ich dich toll."
„Ach ..."
„Wieso seufzt du jetzt so theatralisch? Hab ich irgendetwas Falsches gesagt?"

„Nein ..., nein, das ist es nicht. Ich finde ..., ich finde es nicht gut, dass du jetzt eine gewisse Beziehung zu mir aufgebaut hast. Wir haben zwar heute Abend schon viel übereinander herausgefunden. Aber wir sind dennoch nicht vertraut miteinander, wir sind Fremde. Wenn ich heute Nacht sterbe, will ich nicht, dass du auf irgendeine Art und Weise um mich trauerst oder so. Du machst mir dadurch alles noch schwerer, weißt du."

„Soll ich dir was verraten? Du bist die erste Person seit langem, wo es ganz einfach so vertraut ist. Es tut gut, mit dir zu reden, und ich fühl' mich nicht mehr so allein. Ich empfinde diese starke Zuneigung. Und ja, ich will es dir auch verdammt nochmal schwer machen, Matilda!"

„Carlo, es ist aber ganz normal, dass du zwischen uns eine Vertrautheit spürst. Du scheinst lange allein gewesen zu sein. Du empfindest Zuneigung, weil du einsam bist "

„Nein, ich kenne mich selbst besser als du. Wenn ich dieses besondere Gefühl bei einem Menschen habe, ist es echt. Fühlst du denn nicht so etwas Ähnliches für mich?"

„Das tut nichts zur Sache. Mein Entschluss steht immer noch."

„Du weichst mir aus? Dieser blöde Entschluss! Ich verrate dir noch was: Ich hatte vorhin gar nicht versucht, meinen Prof zu erreichen, sondern wollte Julia, meine EX-Freundin anrufen, um sie darum zu bitten, es noch einmal mit mir zu versuchen. Jetzt bin ich froh, es nicht getan zu haben. Das wäre der größte Fehler überhaupt gewesen. Verstehst du nicht? Es war Schicksal, dass ich mich verwählt habe."

„Und ich habe dir schon mal gesagt: Ich glaube nicht an Schicksal! Schluss jetzt mit den Abschweifungen! Ich erzähle weiter: Es war, wie du schon vermutet hattest. Andreas und ich küssten uns nach der Weihnachtsfeier, als er mich nach Hause gebracht hatte. Lauter Schmetterlinge fühlte ich in meinem Bauch auf und ab flattern. Es war wie ein Traum. Wir verbrachten viel Zeit miteinander, wurden ein Paar. Meine Eltern freuten sich für uns, alles schien perfekt, doch ..."

„Doch was?"

„Der Firma ging es immer schlechter. Sie schrieb andauernd rote Zahlen. Mein Vater wusste das schon länger, behielt es aber eine ganze Weile für sich. Schließlich zog er mich ins Vertrauen. Dann geschah noch etwas Schlimmes: Es gab diverse Beschwerden über Andreas. Er wurde von zwei Frauen aus der Firma der sexuellen Belästigung bezichtigt. Alles sei eine Intrige, ein großes Missverständnis, er sei unschuldig, hatte er immerzu beteuert."

„Und? Hast du ihm geglaubt?"

„Ja, ich habe ihm geglaubt. Er sagte, er habe nur ein paar dumme, schäbige Witze losgelassen gegen Anja und Magdalene. So wäre nun mal sein Humor, hatte er gemeint."

„Pfff ..."

„Jedenfalls hatten mein Vater wie auch ich mit Anja und Magdalene gesprochen. Ihre Aussagen bekräftigten sich gegenseitig. Andreas hätte Anja in ihrem Büroraum unsittlich berührt. Magdalene hätte es angeblich gesehen."

„Verstehe. Der Klassiker im Büro. MeToo-Bewegung und so."

„Genau. Mein Vater hatte Andreas letztendlich entlassen. Dieser war am Boden zerstört, hatte mich angefleht, meinen Vater umzustimmen. Das versuchte ich auch, weil ich ihm glaubte. Trotz der schweren Vorwürfe hatte ich ihn geliebt und meine rosarote Brille nicht absetzen können."

„Wenn man in jemanden verliebt ist, filtert man das Negative. Man will so etwas einfach nicht wahrhaben, das ist vollkommen normal."

„Ha! Mein Vater hatte das aber ein bisschen anders gesehen und auch meine Mutter. Beide wollten, dass ich von Andreas lasse, doch das konnte ich einfach nicht. Noch nie war ich so in einen Mann verliebt gewesen wie in Andreas."

„Hm."

„Die ganze Aufregung um die Firma und um mich war schließlich zu viel für meinen Vater. Er erlitt einen Herzinfarkt. Die Sorge um ihn hatte meine Mutter und mich fast aufgefressen. Er ernannte mich zur Stellvertretung, vertraute mir die Firma an. Doch hatte ich noch nie zuvor ein Unternehmen geleitet. Klar, ich hatte Papas Gefolgschaft und viele Berater an der Seite, doch die volle Verantwortung blieb bei mir."

„Das war sicher nicht einfach. Da baut sich eine Menge Druck auf."

„Allerdings. Hinzu kam, dass nur eine falsche Entscheidung von mir den Todesstoß für Vaters Lebenswerk bedeuten könnte. Auch wenn er an seinem Krankenbett immer gefragt und mich regelrecht ausgequetscht hatte, ich habe nie mit ihm über das Geschäft geredet. Meinen Mitarbeitern verbot ich dies auch

strikt. Vater sollte sich vollkommen erholen. Jede auch noch so kleine Aufregung war Gift für ihn."
„Ich vermute mal, das hat dein Vater nicht lange hingenommen."
„Richtig vermutet. Nach gerade einmal zwei Monaten war er wieder am Start. Mama hatte sehr mit ihm geschimpft. Immerhin war er auch nicht mehr der Jüngste und gesundheitlich sehr angeschlagen."
„Wie alt war er?"
„63 Jahre. Mein Vater war immer ein Sturkopf gewesen. Er erzählte mir von einer revolutionären Idee, sie sollte die Firma retten. Im Krankenhaus ist ihm der Einfall gekommen, sagte er. Die Entwürfe dazu hatte er im Nu fertiggestellt."
„Jetzt bin ich aber neugierig. Was genau war es?"
„Mein Vater wollte ein digitales Buch für Kinder entwerfen, aufgebaut wie ein Lexikon. Tiere würden in den Videos sprechen und sich auf spielerische Weise bei den Kids vorstellen und den Inhalt jeder geschriebenen Seite noch einmal wiedergeben. Themen wie Umwelt, Natur und Anatomie sollten in den Büchern behandelt werden. Die Kinder sollten auf diese spielerische, technische Art mehr Lust bekommen, etwas dazuzulernen. Mein Vater hoffte sogar zu erreichen, dass in diesen Videos auch ein paar Promis auftreten würden, Popstars, die Teenager heutzutage cool finden."
„Eine wirklich geniale Idee."
„Ja, es hätte für uns wirklich funktionieren können."
„Hätte?"

„Mensch Carlo, hast du den schlimmen Ausgang schon vergessen, von dem ich gesprochen hatte?"
„Nein, natürlich nicht. Aber jetzt kannst du mir ja vielleicht den Namen der Firma verraten."
„Bedaure. Wenn du sie im Internet suchst, stößt du eventuell auf mein Profil, und das möchte ich nicht."
„Hast du deswegen deinen Nachnamen nicht verraten?"
„So ist es. Es ist besser, anonym zu bleiben, und das hat nichts damit zu tun, dass ich dir nicht vertrauen würde oder so."
„Klar. Du willst nicht, dass ich einen größeren Bezug zu dir aufbaue, schon kapiert."
„Carlo, versteh das bitte!"
„Tzz ... Du hast es jetzt ein paar Mal betont, aber ich werde mich hier am Telefon auch nicht verstellen. Ich klinge nicht nur enttäuscht, ich bin es auch. Es ist verrückt, was ich dir jetzt sagen werde, und du wirst mich danach wohl für einen noch größeren Spinner halten, aber ich habe mich ..."
„Halt, stopp, Carlo! Sprich es nicht aus, bitte."
„Wieso denn nicht?"
„Du ..., du machst dadurch alles noch viel schwerer."
„Matilda, du bist eine großartige Frau. Das heute Abend mit dir ist das längste Gespräch, dass ich je mit einer Frau geführt habe. Noch dazu so ... so, wie soll ich sagen, so tiefgründig, so ehrlich. Ich konnte ganz ich selbst sein. Ich hatte keine Angst, musste mich nicht verstellen. Die meisten Frauen mögen diesen Softie nicht."
„..."

„Matilda? Sag doch was!“
„Ach, Carlo. Was soll ich dazu sagen?“
„Empfindest du nicht das kleinste bisschen Zuneigung für mich, oder blockst du das nur ab, weil du nicht von deinem fürchterlichen Plan abweichen willst?“
„…“
„Bisher weiß ich immer noch nicht, was du falsch gemacht haben sollst in dieser ganzen Geschichte.“
„Weil du noch nicht das Ende kennst. Und vielleicht …“
„Vielleicht was?“
„Ich sollte an dieser Stelle nicht weitersprechen. Es ist wohl besser so.“
„Aber …, aber wir hatten einen Deal! Matilda, ich habe mich in dich verliebt.“
„Nein, du solltest es doch nicht aussprechen, Carlo! Außerdem ist das verrückt, wir telefonieren bloß, ohne uns je getroffen zu haben.“
„Ich empfinde aber so und es ist mir egal, ob das in deinen Augen verrückt klingt. Ich musste es dir sagen!! Wo wohnst du?“
„Oh nein, Carlo, tu das nicht!“
„Ich möchte zu dir fahren, noch diese Nacht, wenn das möglich ist.“
„Du bist verrückt. Du bist wirklich verrückt.“
„Nein, ich war noch nie so klar. Bitte verrate mir wenigstens in welcher Stadt du wohnst!“
„Münster.“

„Mensch, das ist ja gar nicht so weit von mir entfernt. Ich wohne in Hamm. Das ist ja der Hammer! Bitte verrate mir deine Wohnanschrift! Komm schon, gib dir ein Ruck!"

„Das werde ich nicht tun."

„Ich verstehe dich nicht. Ich will dir doch helfen."

„Carlo, du bist wirklich ein ausgesprochen feinfühliger und toller Mann, das mein ich ganz ernst. Und im Gegensatz zu den anderen Frauen schätze ich so eine Eigenschaft, aber es geht nicht."

„Du bist doch nicht mehr mit Andreas zusammen, oder? Sonst hättest du am Anfang des Telefonats nicht gemeint, dass du ganz allein bist."

„Nein, Andreas und ich sind kein Paar mehr."

„Du hast nichts zu verlieren. Lass mich dich heute Nacht besuchen. Wir können von Angesicht zu Angesicht reden. Ich kann dich in den Arm nehmen, wir können auch spazieren gehen. Hauptsache, du bist nicht allein in deiner Wohnung."

„Das ist ein liebes Angebot, aber ich muss leider ablehnen."

„Vielleicht änderst du deine Meinung noch mal, wenn du gleich zu Ende erzählt und ich dir gesagt habe, was ich darüber denke, also über deine Geschichte. Für den Fall der Fälle ..."

„Was ist das für ein Rauschen bei dir im Hintergrund?"

„Ich hab' dich auf Freisprechanlage, sitze gerade in meinem Auto und fahre Richtung Münster."

„Das ist jetzt nicht wahr, Carlo."

„Oh, doch!"

„Du bist ..., du bist unglaublich."

„Ja, unglaublich sexy, unglaublich crazy. Wolltest du das sagen?"

„Unglaublich bekloppt wollte ich sagen."
„Ich kann jedenfalls nur hoffen, dass du mir doch noch deine Adresse verrätst, denn sonst muss ich quer durch Münster fahren, auf und ab, auf der Suche nach einer beeindruckenden Frau."
„Du bist wirklich ein Spinner."
„Ich weiß. Kriege ich jetzt den Rest deiner Geschichte zu hören?"
„Na schön. An diesem Abend war ich mit Andreas zum Dinner verabredet. Wir verbrachten einen harmonischen Abend bei ihm zu Hause, er hatte gekocht. Ich wohnte quasi schon bei ihm, denn zu uns nach Hause wollte ich ihn nicht mitbringen. Mein Vater hatte nach der kleinen Auseinandersetzung mit ihm eine noch viel schlechtere Meinung von Andreas."
„Oha!"
„In der Tat. Andreas kam noch einmal in die Firma und wollte seinen alten Job zurück. Er sei noch immer arbeitslos, hatte er gemeint, und dass ihn diese ganze Belästigungs-Geschichte verfolgen würde. Mein Vater ließ sich nicht umstimmen. Schließlich hatte Andreas ihm gedroht, dass er ihn fertigmachen würde. Doch als mein Vater mir davon erzählt hatte, hatte ich es als harmlose, impulsive Reaktion abgetan. Wir gerieten wegen Andreas immer wieder aneinander. Andauernd stritten wir. Keine Spur mehr von unserer besonderen Komplizenschaft. Papa wollte nicht, dass ich mit einem vorbestraften Mann zusammen bin, der Frauen belästigt."
„Es kam zur Anzeige?"
„Ja, Magdalena hatte bei der Polizei ausgesagt."

„Tja, klar, dass Andreas keine Stelle mehr bekommen hatte, wenn das in seine Akten gewandert ist."

„Ich hatte das alles immer noch nicht so gesehen. Eine Intrige gegen ihn hatte Früchte getragen, daran hatte ich keinen Zweifel."

„Hm."

„Wo bist du gerade, Carlo?"

„Jetzt bin ich auf der Autobahn, fahre Richtung Münster. Es ist eine wunderschöne Nacht draußen, Matilda. Der Himmel ist klar, voller Sterne. Eisig kalt, aber traumhaft schön. Wir haben sogar Vollmond."

„Das erklärt vielleicht dein Verhalten."

„Haha, sehr witzig."

„Ich bin auch gerade am Fenster. Du hast recht. Es ist irgendwie schön draußen."

„Siehst du! Es ist gerade 22:04 Uhr, und ich habe bald Münster erreicht. Es wäre also ein guter Zeitpunkt, mir die Anschrift durchzusagen."

„Ich fahre jetzt fort mit meiner Erzählung: An diesem besagten Abend hatte mich Andreas zuvor darum gebeten, meine Ideen-Mappe mitzubringen. Er sprach davon, eventuell eines Tages ein kleines Unternehmen mit mir aufzubauen und wollte mit mir Ideen austauschen. Ich hatte noch ein paar alte Entwürfe darin herumliegen, nichts Besonderes. Aber ich dachte, wenn es Andreas ein bisschen aufheitern und Hoffnung geben kann, umso besser. Den ganzen Abend schmiedeten wir Pläne. Andreas verriet ein paar seiner Einfälle und gestand mir, dass er auch immer davon geträumt hatte, etwas Außergewöhnliches auf dem Markt zu bringen und dadurch steinreich zu werden wie mein Vater. Am nächsten Morgen nahm ich die Mappe mit ein paar von Andreas´ Ideen wieder mit nach Hause. Zugegeben: Seine Einfälle waren ganz nett, aber es war nichts dabei, was den Elektro-Markt hätte revolutionieren können. Noch dazu waren die Skizzen amateurhaft."

„Schuster, bleib bei deinen Leisten. So sagt man doch."

„..."

„Matilda? Ich habe vorhin die Abfahrt Münster genommen. Lass mich jetzt nicht betteln."

„Ich bin fast fertig mit meiner Erzählung. Ich war wieder in meinem Elternhaus. Beim Reingehen hörte ich noch, wie Mama und Papa hitzig über mich diskutierten. Natürlich ging es um Andreas. Ich bin in die Küche gestürmt, wo beide sich aufhielten. Mutter saß im Morgenmantel, das lange schwarze Haar hochgesteckt, und Papa in einem seiner piekfeinen Anzüge. Mit großen Augen starrte er mich an, während ich brüllte: ´Es reicht mir! Ich werde ausziehen. Lange genug habe ich mir gefallen lassen, dass ihr euch ständig in mein Leben einmischt. Ich ziehe zu Andreas!' Das waren in etwa meine Worte gewesen."

„Und? Hast du es wirklich durchgezogen?"

„Noch am selben Tag hatte ich das Nötigste zusammengepackt und stand vor Andreas´ Wohnung, fest entschlossen, mit ihm bloß noch nach vorne zu blicken. Die nächsten Wochen mit ihm verliefen harmonisch. Ich nahm Urlaub in der Firma und fuhr sogar ein paar Tage mit Andreas ans Meer. Seitdem hatte ich kein

Wort mehr mit meinen Eltern gesprochen, war stur und gekränkt. Dann eines Tages ... Eines Tages ..."

„Was, Matilda?"

„Ich kam nach Hause, und Andreas´ Wohnung war komplett leergeräumt. Keine Spur von einem Brief oder sowas. Auf meine Anrufe und meine Nachrichten reagierte er nicht. Irgendwann dann bekam ich die Telefonansage: ‚Kein Anschluss unter dieser Nummer'."

„Er hatte seine Nummer geändert. Was ein Drecksack."

„Puh ... Arghh ..."

„Nicht weinen, Matilda! Was ist dann geschehen?"

„A... Andreas bbb...blieb verschwunden, unauffindbar. Jedoch traute ich mich nicht zurück in mein Elternhaus und blieb fürs Erste in der fast leeren Wohnung. Ich schämte mich so sehr, denn plötzlich war es, als ob sich der Nebel gelichtet hätte. Ich habe erkannt, dass Andreas doch nicht so unschuldig ist, wie er die ganze Zeit getan hatte. Ich hatte viel nachgedacht. Einige Tage später dann bekam ich einen Anruf von meiner Mutter. Mein Vater war an einem zweiten Herzinfarkt gestorben."

„Gott, wie schrecklich."

„Verstehst du nicht, es war meine Schuld!"

„Matilda, es ist nicht ..."

„Carlo! Ich bin noch nicht fertig. Vaters Ideenentwurf, der in meiner Mappe lag, fehlte. Sämtliche Aufzeichnungen, alles weg. Sogar der USB-Stick mit den Daten drauf, der sich auch darin befunden hatte. Ich blöde Kuh hatte es nicht gemerkt, so verblendet war ich. Mein Vater wollte bei einer wichtigen Firmenbe-

sprechung Investoren seine Idee vortragen und hatte nichts mehr in der Hand. Andreas hat die Idee schließlich als seine ausgegeben. Vaters Lebenswerk zerstört durch die Dummheit seiner Tochter. Ich hab' …, ich hab ihn auf dem Gewissen, verstehst du nicht?"
„Es war doch keine Absicht, Matilda."
„Meine Eltern hatten mich gewarnt, doch ich musste einem Betrüger ins Netz gehen."
„Hatte dein Vater wirklich kein Patent angemeldet?"
„Dazu kam es leider nicht mehr. Mein Vater vertraute mir blind. Es war keine Naivität oder Leichtsinn von ihm gewesen. Nur Vertrauen. Niemand, keine Menschenseele war zuvor je an der Mappe mit Ausnahme von Papa und mir – bis zu jenem Abend als ich so dumm war, die Mappe bei Andreas zu lassen."
„Es tut mir so leid. Was du alles durchmachen musstest …"
„Nur meine gerechte Strafe. Seit zwei Jahren. Nachdem meine Mutter mir nach Vaters Beerdigung schlimme Vorwürfe gemacht hatte, quäle ich mich wirklich jeden Tag damit. Morgens will ich nicht aufstehen, alles ist so schwer, zieht mich runter wie Blei. Mir fehlt einfach die Kraft. Oft ist es mir sogar zu viel, mich anzuziehen. Vor die Tür gehe ich wirklich nur, wenn der Kühlschrank komplett leer ist."
„Wohnst du noch in seiner Wohnung?"
„Nein. Von meinem Ersparten habe ich mir eine neue Wohnung gemietet."
„Was ist mit deiner Mutter? Hast du noch einmal versucht, mit ihr zu reden?"

„Nein. Wie gesagt, das letzte Mal habe ich sie auf der Beerdigung gesehen. Sie will nichts mehr mit mir zu tun haben, Carlo."
„Wovon lebst du?"
„Ich … ich bin arbeitslos geworden. Die Firma meines Vaters hatte längst Insolvenz angemeldet, und ich litt seither an schlimmen Depressionen. Alles war – oder besser gesagt, alles ist mir egal."
„Hör zu, du musst dich mit deiner Mutter aussprechen. Nur so kannst du deinen Seelenfrieden machen. Sie wird dir verzeihen, ganz bestimmt. Es war nicht deine, sondern Andreas´ Schuld."
„Ich will nicht mehr, ich bin so müde von allem. Es ist Zeit, Lebwohl zu sagen."
„Nein! Nein, bitte tu das nicht, Matilda! Ich verspreche, dir zu helfen. Du bist nicht mehr allein. Bitte lass mich zu dir kommen. Gib mir bloß eine Chance!"
„Seit letztem Jahr sind diese elektronischen Bücher auf dem Markt. Ich hatte auch versucht zu klagen, meine Mutter ebenso – jedenfalls sagte mir das ein Anwalt, der für meine Familie arbeitet – doch keine Chance. Alle hatten sich gefragt, warum mein Vater nicht noch irgendwelche Aufzeichnungen hatte, irgendetwas digitalisiert und dass es leichtsinnig war, untypisch und dumm. Aber ich weiß, dass wir es immer so gemacht hatten, unsere Ideen aufbewahrt, geheim gehalten wie einen kostbaren Schatz. Ich habe ihn verraten. Es ist einzig und allein meine Schuld!"
„Nein, ist es nicht. Dein Vater war, nichts für ungut, aber er war schon etwas leichtsinnig. Er hätte sich komplett absichern müssen, wie es Geschäftsmänner für gewöhnlich tun."

„Nichtsdestotrotz habe ich meinen Vater auf dem Gewissen."

„Schwachsinn!"

„Hör auf!"

„Warst du vielleicht mal bei einem Psychiater und hast über alles gesprochen?"

„Bisher nur mit dir."

„Eine Therapie könnte dir weiterhelfen, ebenso wie eine Aussprache mit deiner Mutter. Du musst dich trauen. Geh raus aus der Dunkelheit und wieder ins Licht. Du hast so lange gelitten, es reicht jetzt."

„Ich danke dir fürs Zuhören und für deine lieben Worte."

„Jedes einzelne habe ich genauso gemeint, wie ich es gesagt habe. Du warst verliebt und konntest nicht vorhersehen, was geschehen würde. Ich bin sicher, dein Vater würde es genauso sehen."

„Da bin ich mir nicht so sicher."

„Du musst dir endlich selbst vergeben. Das ist die einzige Möglichkeit. Wir sind Menschen, wir machen Fehler, vertrauen den falschen Leuten. Das gehört zum Leben ganz einfach dazu."

„Ich ..., ich weiß nicht, ob ich das kann."

„Sicher kannst du das. Weißt du, ich sitze noch immer im Auto, hab' irgendwo an einem Feld gehalten und frier' mir gerade den Hintern ab. Es ist gleich 23:00 Uhr, und ich möchte dich endlich sehen, dich in die Arme schließen und küssen."

„Carlo ... ich ..."

„Ich stelle mir gerade vor, dass ich dir in die Augen sehe, dich festhalte und dir wenigstens ein Stück deines Schmerzes nehme."

„..."

„Matilda?"

„Ja?"

„Ich weiß, es fällt schwer, wieder zu vertrauen. Aber bitte, entscheide dich für mich, für das Leben. Niemals hätte dein Vater das gewollt."

„Ich ..., ich ... Marientor 23."

„Oh, danke! Ich gebe die Adresse sofort in mein Navi ein."

„Ich bin mir nicht sicher, ob das so eine gute Idee ist. Das alles kommt so plötzlich ..."

„Ich kann es kaum erwarten, dich in die Arme zu schließen, auch wenn das gerade total kitschig klingt."

„Carlo, meinst du, meine Mutter würde mir wirklich verzeihen?"

„Zuallererst musst du dir selbst verzeihen. Du hast dem falschen Menschen vertraut. Er hat Unrechtes getan, nicht du, und keiner konnte wissen, was geschehen würde."

„Hmm."

„Yippie, ich sehe gerade, dass ich bloß fünf Minten fahren muss. Der glatte Wahnsinn."

„Ich muss dir noch etwas sagen, Carlo."

„Und was?"

„Danke, dass du für mich da warst. Wenn du nicht gewesen wärst, wäre ich längst tot ... Doch jetzt habe ich plötzlich einen Funken Mut in mir. Es ist irgendwie verrückt, so surreal ... Ich

möchte plötzlich wissen, wie es weitergeht. Carlo? Alles in Ordnung?"
„Ja, puh, ich renne nur gerade wie ein Teenager auf deinen Häuserblock zu. Ich ..., ich brauche noch deinen Nachnamen!"
„Ich bin aufgeregt!"
„Brauchst du wirklich nicht zu sein. Wir beide haben uns an diesem Abend unser ganzes Leben anvertraut. Ich hab' das Gefühl, ich kenn dich in und auswendig."
„Dietrich, Matilda Dietrich."
„Ich schelle jetzt an, Matilda Dietrich."
„Und ich drücke jetzt auf, Carlo Meißner."
„Hi, du kannst auflegen."

**Auch wenn diese Geschichte rein fiktiv ist, gibt es doch Situationen im Leben, wo der ein oder andere ein Licht am Ende des Tunnels gesehen hat. Plötzlich taucht ein Mensch auf, der dich versteht, dir Mut macht. Und ehe du dich versiehst, sind die Schatten um dich plötzlich kleiner geworden, und du merkst, dass alles gar nicht so schwarz ist, wie du zunächst angenommen hast.*

Ein Windhauch auf meiner Haut

„Wir verlieren ihn! Schnell 1 Milligramm Adrenalin!“, höre ich eine männliche Stimme. Ich spüre nichts als Kälte und Angst. Was ist passiert, frage ich mich benommen. Ich kann mich nicht erinnern. Angestrengt blinzle ich. Das Licht ist gleißend und blendet mich zu sehr. Also schließe ich meine Augen wieder und bemerke, dass etwas nicht stimmt. Es fühlt sich plötzlich alles so leicht an, so schwerelos. Es ist anders als sonst. Ruckartig setze ich mich auf, fasse mir ein Herz und öffne die Augen. Doch dann fährt ein Schrecken in mich. Ich sehe mich auf diesem metallenen Behandlungstisch liegen, das Gesicht leichenblass, die Lippen blau. Ja, ich sehe mich selbst, denn ich stehe jetzt direkt vor meinem Körper. Einer von zwei Ärzten ist über meinen Leib gebeugt und verabreicht ihm eine Herzdruckmassage. Wieder und wieder und wieder ... Dann lässt er von mir ab, während der andere sich abwendet und etwas in eine Liste einträgt. „Todeszeitpunkt 23:04 Uhr“, höre ich ihn sagen.

„Nein, stopp! Das kann nicht sein. Hey, ich bin doch hier!“, rufe ich, so laut ich kann. Verzweiflung legt sich in meiner Stimme. *Was ist hier los, verdammt noch mal?*

Ich beuge mich über den Körper des Mannes, der aussieht wie ich. Die Sache ist offensichtlich, dennoch so surreal. Ich bin tot, vor etwa zwei Minuten gestorben. Aber ich kann mich noch immer nicht erinnern, wie es dazu gekommen ist. Eine Gänsehaut legt sich über mich. Komisch, denke ich. Wie kann ich denn eine Gänsehaut verspüren, wenn ich doch allen Anschein nach tot bin? Langsam strecke ich meine Hände aus, um sie eingehend zu betrachten. Sie sind weder durchsichtig noch weiß. Eigentlich sehen sie wie immer aus. Ich trage sogar meine Lieblingsjeans und den schwarzen Pullover, den ich mir erst kürzlich online bestellt habe. Immer noch fassungslos steuere ich die Ausgangstür an, bekomme noch beim Weggehen mit, wie die beiden Ärzte sich über ihre Wiederbelebungsversuche austauschen. Als ich die Pendeltür aufstoßen will, ist meine Hand plötzlich durch die Tür gefahren. Es ist mir so vorgekommen, als ob Licht durch ein Glasdach fällt. Erstaunt halte ich inne, dann gehe ich hindurch und finde mich mitten im Krankenhausflur wieder. Der ach so vertraute Geruch von Sterillium ist nicht zu riechen. Wahrscheinlich liegt es daran, dass ich als Geist nichts mehr wittern kann. Wozu auch? Den Duft des Essens brauche ich ja jetzt nicht mehr!

Mit beiden Händen fahre ich mir durch das Gesicht und drehe mich einmal hilfesuchend um die eigene Achse, nehme meine Umgebung in Augenschein. „Ich bin tot, ich bin wirklich tot! Scheiße! Verdammte Scheiße!“, brülle ich, gehe kraftlos in die Hocke. Erschrocken fahre ich zusammen, als ich bemerke, dass ein Mann durch mich hindurchgegangen ist. Keiner dieser vielen Leute, die diesen Flur auf und ab gehen, kann mich sehen, ich bin unsichtbar. Ich fühle mich gerade wie Patrick Swayze in „Ghost – Nachricht von Sam.“ Plötzlich weiß ich, dass ich diesen schnulzigen Film mal mit irgendjemand anschauen hab müssen, aber nicht mehr mit wem. Komischerweise kann ich mich jedoch an den kompletten Inhalt erinnern. Tief seufzend erhebe ich mich.

Was mache ich jetzt? Erst mal hier raus und dann muss ich mich von dieser Amnesie befreien. Es kann doch wohl nicht sein, dass ich mich an überhaupt nichts mehr erinnern kann! Oder etwa doch? Vielleicht ergeht das ja allen so, die ins Gras gebissen haben ...

So schnell ich kann, verlasse ich das Krankenhaus, blicke hinauf zum sternenbehangenen Nachthimmel. Es ist Winter, denn vereinzelt liegt noch Schnee am Straßenrand und auf der Wiese der gegenüberliegenden Straßenseite. Die Kälte spüre ich nicht. Wenigstens ein Vorteil!

Ziellos laufe ich durch die Straßen und versuche mich krampfhaft an irgendetwas zu erinnern. Abrupt bleibe ich stehen.

Ich war schon einmal hier! Ja, genau! Das ist Reinickendorf. Ich bin hier vor acht Jahren hingezogen, genau!

Zwei Autos rasen hintereinander durch mich hindurch und unterbrechen meinen Gedankengang. Rasch laufe ich hinüber zur Wiese und lasse mich in das Gras fallen. „Ich bin David. David Marquad! Ich bin David Marquad und CEO bei Copitels, einer jungen, aufsteigenden Firma. Was haben wir noch mal genau gemacht? Ich weiß es nicht mehr, aber das war wenigstens ein Anfang!"

Tausend Fragen schießen mir durch den Kopf, angefangen mit: *Woran bin ich gestorben? War ich zuvor glücklich? Ist es normal, nach dem Tod Gedächtnislücken zu haben? Und: Gibt es denn nicht dieses helle Licht, dem man folgen soll? Was, wenn es gar kein Jenseits gibt?*

Grübelnd reibe ich mir mit der flachen Hand gegen die Stirn. In den nächsten Minuten fallen nach und nach die Erinnerungen an mein früheres Leben in mich ein wie erste Regentropfen, unaufhaltsam und mit steigender Wucht. Ich bin in Münster aufgewachsen, habe ein behütetes Leben geführt. Meine Eltern haben ihren einzigen Sohn verhätschelt, sind immerzu tolerant und einfühlsam gewesen.

Gott, wie sehr ich Mama und Papa doch liebe!

Wegen der Gründung der Firma bin ich damals nach Berlin gezogen. Julius, mein Kompagnon, und ich haben es für das Beste für unser Unternehmen gehalten, in eine Großstadt am Puls der Zeit zu ziehen. Mit etwas Startkapital aus unserer damaligen Online-Firma haben wir uns zunächst einen Büroraum gemietet. Werbetexter, ich bin Werbetexter gewesen und ein ziemlich guter dazu, wenn ich das mal so sagen darf. "Kommt vorbei, hier bei

Schley“ oder “Ohne groß nachzudenken, kaufe ich bei Menken.“ Wir sind erfolgreich gewesen! Ich habe meinen Job geliebt, genau wie Jenny, meine Freundin. Mit ihr habe ich die letzten zwei Jahre zusammengelebt.

Oh, Jenny, mein Schatz!

Tief schnaubend lasse ich mich tiefer in das Gras sinken, dessen Gräser ich nicht mehr an mir spüren kann.

Ich habe mein Leben geliebt, ich bin wirklich glücklich gewesen … Doch noch immer weiß ich nicht, was geschehen ist. Wie bin ich ums Leben gekommen?

Mitgenommen schüttle ich den Kopf. Das Letzte, an das ich mich noch erinnern kann, ist, dass ich nach der Arbeit in meinem Cadillac gestiegen bin und losgefahren. Ab da ist alles weg, es bleibt nur ein schwarzes Loch ohne den kleinsten Funken einer Erinnerung. Frustriert erhebe ich mich und laufe immer geradeaus. Ich starre ins Leere und renne einfach los. Von Sekunde zu Sekunde werde ich immer schneller.

Ich will nicht tot sein! Ich bin doch noch viel zu jung, erst 28. Ich hatte doch noch so viel vor, wollte so viel erleben!

Meine Kehle wird eng, obwohl ich doch nicht wirklich noch eine habe. Ich spüre einen unbändigen Schmerz, diese Wut und Verzweiflung.

Die ganze Nacht bin ich umhergewandert, ohne Pause zu machen. Tja, Anstrengung verspüre ich ohnehin nicht mehr! Fiebrig habe ich immer und immer wieder versucht, mich daran zu

erinnern, was kurz vor meinen Tod geschehen ist. Doch Fehlanzeige. Dieser Teil bleibt dunkel.
Die Sonne kämpft sich durch die dicken, grauen Wolken und taucht die Straßen in goldenes Licht. Der Wind streift zart durch die kahlen Bäume. Ich höre Motorengeräusche, Hupen und leises Vogelgezwitscher in den Bäumen, die an eine Parkanlage auf der mir gegenüberliegende Straße grenzen.
Wie wird es weitergehen, frage ich mich achselzuckend und nähere mich einer Brücke. Als ich sie erreiche, lehne ich mich über das Geländer und blicke hinunter. Fahrzeuge zischen über die Autobahn. Ich weiß noch nicht einmal, wie spät es ist, stelle ich deprimiert fest. Meine Eltern, Jenny und Julius wissen sicher bereits von meinem Tod. Wie haben sie diese Nachricht wohl aufgefasst?
„Was für eine Scheiße!“, brülle ich erneut und spüre einen unbändigen Schmerz, der mich zu zerreißen droht. Kurzentschlossen springe ich von der Brücke. Doch anstatt unten auf der Straße zu landen, finde ich mich im nächsten Moment in meiner Wohnung wieder. Der lange Flur mit dem langflorigen, weinroten Teppich ist unverkennbar. Ich habe ihn einst aus einem Antiquitätengeschäft gekauft, sauteuer ist das Teil gewesen. Immer noch ein wenig verwirrt schüttle ich den Kopf und laufe geradeaus in die Küche, wo ich Jenny sprechen höre: „Es ist alles so schrecklich! Ich kann das immer noch nicht glauben!“
Ich nähere mich ihr. Sie stützt sich mit einer Hand an der Küchenzeile ab und blinzelt hektisch. Ich komme noch näher, sehe in ihre babyblauen Augen. Das lange blonde Haar fällt an ihrer

Schulter hinab. Schließlich fängt Jenny an zu schluchzen und beendet das Telefonat.

„Ich kann das alles auch noch nicht glauben, mein Schatz. Aber ich bin hier, ich bin hier bei dir!“ Forschend schaue ich ihr weiterhin in die Augen, berühre mit dem Finger ihre Wange, doch sie nimmt nichts von all dem wahr. Jenny schaut durch mich hindurch zur Wand. Mit einem Satz setze ich mich schwungvoll auf die Arbeitsplatte, lasse beide Beine über dem Fußboden baumeln und werfe einen Blick durch den Raum. Sonnenlicht fällt großzügig auf den graumelierten Boden. Wie immer liegen zu viele Krümel auf dem Küchenläufer, der unter meinen Füßen ist. Schon immer hat es mich genervt, dass meine Freundin vor der Arbeit mal eben schnell im Stehen ihr Brot vertilgt und diesen Läufer mit den Kaffeetassen und dem Wort „Coffee“ darauf vollkrümelt. Schließlich beobachte ich, wie Jenny den Raum verlässt. Ich springe auf, um ihr zu folgen, doch dann durchfährt es mich plötzlich eiskalt. Wie in einem Strudel gefangen, beginne ich, mich um die eigene Achse zu drehen. Immer schneller und schneller, bis ich plötzlich anhalte.

Irritiert sehe ich mich um. „Wo bin ich denn jetzt gelandet?“ Dicke, graue Vorhänge lassen nicht einmal den winzigsten Sonnenstrahl in diesen äußerst kleinen Raum fallen. Ein rotes Sofa und ein hölzerner Wohntisch befinden sich zu meiner Rechten, das kann ich im gedämpften Licht einer Stehlampe noch gut erkennen. Ein Wimmern lässt mich schließlich innehalten. Die Laute kommen aus einem anderen Zimmer dieser mir nach wie

vor fremden Wohnung. Von Sekunde zu Sekunde werden diese Wehklangen immer heftiger. Ein kehliger Aufschrei lässt mich schließlich zusammenfahren. Unsicher nähere ich mich den Geräuschen, die mir durch Mark und Bein dringen würden, besäße ich noch Ähnliches, bis ich schließlich in einem Schlafzimmer stehe. Auf dem Bett liegt eine rothaarige Frau. Sie trägt einen gelben, langen Rock und einen olivfarbenen Pulli. Das Gesicht hat sie in ein Kissen vergraben, das ihr Heulen deutlich dämpft. Ihr zierlicher Körper bebt vor Schmerz, so scheint es jedenfalls. Ich lege meine Geisterstirn in Falten und setze mich zu ihr aufs Bett. Inzwischen habe ich eine Ahnung, wer das ist, oder vielmehr kommen mir ein paar Erinnerungen über eine rothaarige Frau, die einzige, die ich gekannt habe.
Nach etwa zwei Minuten stellt die Frau das Weinen ein und erhebt sich.
Und richtig: Es ist Nicole, Jennys Schwester! Sie ist vor Kurzem umgezogen. Ihre neue Wohnung sehe ich wirklich zum ersten Mal.
Panisch schreit sie schließlich auf, als hätte sie einen Geist gesehen. Mich? Kann das wirklich sein? Ich denke schon, denn sie starrt mich mit weit aufgerissenen Augen an. „David? David, du …, du lebst? Ich …, ich habe gerade einen Anruf von Jenny bekommen, dass du gestorben bist …"
Nicole hält sich eine Hand vor ihrem weit aufgerissenen Mund und schüttelt fassungslos den Kopf.
Sie kann mich sehen? Wie ist das denn auf einmal möglich? Echt verwirrend, dieser ganze Geisterkram …

„Nicole, ganz ruhig!“
„Es ..., es ist keine Einbildung. David, du lebst! Ich bin so froh.“
Überglücklich lächelt sie mich an und breitet ihre Arme aus, will sich gerade in meine werfen, da fasst sie plötzlich in die Luft und landet schwungvoll auf einem Kissen, das direkt neben mir liegt.
„Was zum Henker geht hier vor?“, kreischt sie panisch auf und springt ruckartig von dem Bett.
„Nicole, bitte, höre mir zu und versuche dich zu beruhigen“, fordere ich sie fast flüsternd auf und kämpfe gegen den Drang an, eine Hand auf ihre Schulter zu legen. Sie würde ja ohnehin nichts spüren. Oder vielleicht doch?
„Verliere ich gerade den Verstand? Oder bist du ...“
„Du verlierst nicht den Verstand, Nicole. Ja, ich bin ein Geist.“
Ihr Atem beschleunigt sich mehr und mehr, bis sie schließlich nervös vor sich hin hechelt, dann legt sie beide Hände wie zum Gebet vor das Gesicht.
Entschieden erhebe ich mich, stehe ihr nun gegenüber. Ich kann sie schlucken hören. Wie im Fieber schüttelt Nicole den Kopf, dabei hüpfen ihre dicken, wilden Locken auf und ab. Fahrig legt sie sich eine Strähne hinter das Ohr zurück und starrt mich erneut an. Doch ihre Gesichtszüge sind geglättet. Nach wie vor besitzt Nicole den blassesten Teint, den ich überhaupt kenne, dazu diese Sammlung von Sommersprossen um die Nase.
Im Vergleich zu ihrer Schwester ist Nicole klein, fast winzig und geradezu schmächtig. Ihre Kleidung ist, würde man sie direkt neben die von Jenny legen, eher bieder.

Meine Freundin liebt es, Ausschnitt und Bein zu zeigen, wohingegen Nicole eher hochgeschlossene Pullis und Blusen bevorzugt. Zwei Schwestern so unterschiedlich wie Tag und Nacht. Ich war sehr gut mit Nicole befreundet gewesen. Einige Male hatten Jenny und ich sie mitgenommen, ins Kino oder zum Bowling. Nicole war ein äußerst unkomplizierter und warmherziger Mensch, nur leider etwas zu schüchtern. Vielleicht ist ja auch das der Grund, warum sie, seit ich sie kenne, Single ist.
„David, ich ... Ich weiß nicht, was ich sagen soll. Es ..., es tut mir alles so leid. Gerade habe ich von deinem Tod erfahren und ..., und jetzt stehst du plötzlich vor mir. Ich ..., ich ...“ Nicoles Blick wird immer verklärter. Ihre dunklen Augen strahlen Freude und zugleich Angst aus. Dann kippt sie plötzlich wie eine gefällte Eiche. Ich hechte noch zu ihr hinüber, um sie aufzufangen, doch sie gleitet mir durch die Finger und fällt unsanft zu Boden. Das war wohl zu viel für ihre Nerven. Ich gehe in die Hocke, um mich zu vergewissern, dass sie sich nichts getan hat. Es macht jedenfalls nicht den Eindruck. Einen Arm hat sie weit von sich gestreckt, den anderen unter ihrem Körper. Beide Beine sind angewinkelt. Gleichmäßiger Atem stößt ihr aus der Nase. „Ich wollte dir wirklich nicht so einen Schrecken einjagen“, flüstere ich an ihr Ohr gelehnt.

Im Schneidersitz habe ich es mir inzwischen auf dem Bett gemütlich gemacht und verfolge, wie Nicole sich ausgiebig streckt und anschließend stöhnend aufsetzt. Ich habe es nicht übers Herz gebracht, sie da so einfach allein zurückzulassen. Na ja, Zeit habe ich ja jetzt allemal. Außerdem muss ich herausfinden, was mit mir geschehen ist, und Nicole scheint momentan die einzige Möglichkeit zu sein, um es herauszubekommen.

„Nein!“, entfährt es ihr. „Das war gar kein Traum. Das hier ..., das hier ist echt!“

„Hast du dich verletzt? Geht es dir gut, Nicole?“, frage ich und sehe sie durchdringend an.

„Ob es mir gut geht? Entweder ich halluziniere, oder ich rede gerade wirklich mit dir, einem Geist, von dessen Tod ich erst vor etwa einer Stunde erfahren habe und der mich noch immer erschüttert. Also, nein, mir geht es nicht gut!“ Ihre Stimme klingt schrill. Kleine Fältchen haben sich um ihre Nase gebildet. Irgendwie süß, denke ich, obwohl diese Feststellung nicht unangebrachter hätte sein können in dieser Situation.

Nicole steht auf, läuft auf mich zu, die Augen zu kleinen Schlitzen verformt. Ihr Brustkorb hebt und senkt sich schnell. Unsicher streckt sie eine Hand nach mir aus und greift durch mich hindurch, als wäre ich Nebel.

„O Gott! Ich glaub das immer noch nicht!“

„Ich auch nicht“, gebe ich trocken zurück und verziehe den Mundwinkel. „Bitte, Nicole, sag mir, was genau passiert ist! Woran bin ich gestorben?“

Sie stößt einen tiefen Seufzer aus und setzt sich zu mir aufs Bett. „Jenny hat erzählt, dass du einen schweren Autounfall erlitten hast. Das ganze Auto war bloß noch ein zusammengepresster Klumpen. Sie haben dich schwer verletzt aus dem Wrack gezogen. Doch im Krankenhaus bist du schließlich verstorben.“

Nicole schnieft die sich anbahnenden Tränen in die Nase zurück und wirft mir einen Seitenblick zu, der erkennen lässt, dass sie noch immer nicht sicher ist, ob sie noch alle beisammen hat. Dann lässt sie sich aufs Bett fallen und starrt zur Zimmerdecke hinauf. „Ich weiß nicht, ob das hier gerade echt ist. Doch obwohl es mich ängstigt, bin ich froh. Ich kann mich von dir verabschieden, jedenfalls fühlt es sich so an.“

Mit einem Satz sitzt Nicole nun kerzengerade neben mir und schaut mich ganz intensiv an. So hat sie mich noch nie angesehen. Es verwirrt mich ein bisschen. Ich finde es ja schön, dass sie an mir gehangen hat und sie so viel Anteil nimmt. Immerhin waren wir befreundet. Aber irgendwas stimmt hier nicht, fährt mir durch den Kopf. Nicole schluckt schwer und setzt ein Lächeln auf. „Mach‘s gut, David Marquad. Gehe an einen schönen Ort und ruhe in Frieden. Ich werde dich nie vergessen“, flüstert sie und nickt zum Ende des Satzes. Ihre Augen sind glasig, wieder schnieft sie.

„Danke, Nicole! Du warst stets eine gute Freundin. Leb wohl!“

Ich stehe auf, verlasse das Zimmer und steure die Haustür an, um hindurchzugehen. Doch plötzlich stoße ich daran wie auf Granit.

Was soll das denn jetzt? Wieso kann ich nicht hindurchgehen?

Ich habe es sicherlich ein Dutzendmal versucht. Sogar wollte ich aus dem Fensterspalt des Küchenfensters entweichen, doch wurde ich zurückgeschleudert, als ob mich irgendeine fremde Macht hier in dieser Wohnung festhalten würde.

„Alles in Ordnung?“, höre ich Nicole plötzlich fragen.
Sie steht an den Türrahmen der Küche gelehnt und schaut mich mit zusammengezogenen Brauen an.
„Ich komme hier nicht raus. Das verstehe ich nicht. Ich meine, zuvor konnte ich auch das Krankenhaus verlassen, habe mich sogar zu Jenny teleportieren können. Dann war ich plötzlich bei dir gelandet. Dabei habe ich nicht mal an dich gedacht.“
„Tja, wenigstens habe ich an dich gedacht“, entweicht es ihr leise.
Ich kann sehen, wie sich Enttäuschung auf ihrem Gesicht abmalt. Mit ein paar Schritten nähere ich mich ihr. „Tut mir leid, so war das nicht gemeint, ich wollte bloß sagen …“
„Ist schon gut. Das ist ja auch völlig normal. Klar denkst du zuerst an die Menschen, die dir am nächsten stehen.“ Sie atmet tief durch, ein zaghaftes Lächeln zeichnet sich auf ihrem Gesicht ab. „Wahrscheinlich brauchst du bloß ein bisschen Übung, setz dich nicht unter Druck. Immerhin bist du noch nicht lange ein Geist.“
Diese Art hat mir schon immer an Nicole gefallen. Sie ist einfühlsam und findet stets die richtigen Worte. Jenny ist dagegen eher die Taffe, der es schwerfällt, über ihre Gefühle zu reden. Es hat ganze vier Monate gedauert, bis sie „Ich liebe dich“ zu mir sagen konnte. Zuvor hat auf meine Liebesbekundungen immer ein Schweigen, dann ein Kuss gefolgt.
„Du hast wohl recht“, räume ich ein und werfe einen Blick aus dem Küchenfenster. Gerade hat es wieder angefangen zu schneien.

„Du willst bestimmt deine Eltern sehen. Hör zu, ich mache einmal die Tür auf, und du gehst einfach auf normalem Wege nach draußen“, schlägt sie vor und läuft auch schon in den Flur.
Ich folge ihr. Doch als Nicole die Wohnungstür aufmacht und ich austreten will, werde ich, nachdem ich einen Fuß über die Türschwelle gesetzt habe, ruckartig und mit voller Wucht zurückgeschleudert, so dass ich unsanft auf den Boden falle.
„Was zum …?“ Langsam werde ich sauer.
„Hm …“, macht Nicole, geht nach draußen in den Treppenflur und zuckt mit den Achseln.
Ich schnaube. „Natürlich kannst du ein und aus gehen, du bist ja auch nicht zu einem körperlosen Wesen geworden.“ Ich erhebe mich sogleich, wage erneut einen Versuch und – siehe da! Schneller als ich gucken kann, stehe ich nun neben Nicole.
„Na siehst du! Super!“, jubelt sie mir zu.
Plötzlich muss ich lächeln. „Danke, Nicole! Du bist mir sogar nach meinem Tod eine gute Freundin.“
„Ich werde dann mal wieder reingehen“, haucht sie und schenkt mir ein breites Lächeln.
„Leb wohl, Nicole“, sage ich, als sie zurück in ihre Wohnung spaziert.
Ehe ich noch etwas hinzufügen kann, schleudert mich abermals diese Kraftquelle zurück, und ich lande zu ihren Füßen.
„Was geht hier vor?“, entweicht es mir.
„Ich weiß es nicht.“ Entsetzt schüttelt Nicole den Kopf und beißt sich auf die Unterlippe.

„Gehe noch mal raus“, fordere ich sie auf. Schließlich verlassen wir beide problemlos die Wohnung.
„Ich kann es mir nicht erklären, aber irgendwie klappt es nur mit dir gemeinsam. Würdest du ..., würdest du mich begleiten?“

Abgekämpft lässt sich Nicole in ihren Autositz plumpsen und starrt in den Sternenhimmel. Ich sitze direkt neben ihr. Wir befinden uns auf einem der Parkplätze meiner ehemaligen Firma. Gerade haben wir meinen Kompagnon und Freund Julius besucht.
„Alles in Ordnung?“, frage ich sie, sehe sie forschend an.
„Das müsste ich wohl eher dich fragen. Wir sind jetzt bei Julius und deinen Eltern gewesen. Sie alle sind natürlich am Boden zerstört. Es muss hart gewesen sein, nicht mit ihnen reden zu können so wie mit mir und mitansehen zu müssen, wie sie alle vor Schmerz leiden.“ Nicole dreht ihr Gesicht in meine Richtung und wirft mir einen mitfühlenden Blick zu.
„Ja, das war es! Es war unsagbar grausam. Aber weißt du, was mir geholfen hat?“
„Was?“
„Du. Es tat gut, einen lieben Menschen an meiner Seite zu haben, der mir Halt und Kraft gibt. Danke! Du bist toll.“
Nicole dreht ihren Kopf schmunzelnd zur Fensterseite zurück und schaut in die Nacht hinaus. Stille legt sich zwischen uns. Nur das Vorbeirauschen einzelner Autos weiter abseits der Straße ist zu hören.
„Wieso ich?“, durchbricht Nicole plötzlich diese Stille.

„Was meinst du?“ Erst jetzt bemerke ich, dass ich sie die ganze Zeit über angestarrt habe.
„Warum kann nur ich dich sehen?“
„Ich weiß es wirklich nicht, Nicole. Aber ich bin sehr froh darüber.“
Sie nickt langsam, dann startet sie den Motor. „Komm, wir fahren wieder zu mir nach Hause. Es ist schon spät.“
Ich seufze tief, will gerade anfangen zu sprechen, breche aber vorher ab.
„Was?“, will Nicole wissen und wirft mir einen erneuten Blick von der Seite zu.
„Ich weiß, dieser Tag hier mit mir war sehr aufwühlend und anstrengend, aber wäre es zu viel verlangt, Jenny einen kurzen Besuch abzustatten?“
Bittend sehe ich sie an und kann Nicole schlucken hören, ehe sie erwidert: „Morgen ist auch noch ein Tag.“
„In Ordnung.“

Der Morgen graut bereits hinter dem großen Fenster des Wohnzimmers. Sonnenstrahlen tanzen geschmeidig auf dem Boden umher. Die Nacht über habe ich auf der Couch mit Grübeln verbracht. Es ist ein befremdliches Gefühl gewesen, über Stunden wach zu liegen und einfach nur durch die Gegend zu starren, ohne zu schlafen. Kein Blinzeln mehr, kein Zigarettenrauchen mehr und auch kein Essen mehr. Zugegebenermaßen fühlt sich das teilweise auch ein bisschen befreiend an. Als Geist kann das Fleisch niemals wieder schwach werden. Man ist nicht mehr an

Laster gebunden und fühlt sich weder müde noch krank. Nie wieder Schmerzen. Doch jetzt hocke ich in der Wohnung meiner Fast-Schwägerin. Ja, fast. Ich habe seit ein paar Wochen überlegt, Jenny einen Antrag zu machen. Unentwegt habe ich mich die Nacht über gefragt, ob sie ja gesagt hätte. Den Ring hätte ich in den kommenden Tagen beim Juwelier gekauft, wäre mit Jenny zu unserem Lieblings-Italiener gegangen und hätte um ihre Hand angehalten. Wenn dieser beschissene Autounfall doch nie passiert wäre! Jenny. Ich muss sie noch ein letztes Mal sehen. Mit diesen Gedanken gehe ich hinüber ins Schlafzimmer zu Nicole. Ich würde ja an die Tür klopfen, wenn ich es noch könnte, so aber rufe ich bestimmt: „Nicole? Nicole, bist du wach? Darf ich reinkommen?“

Ein leichtes Brummen ist zu hören, ehe sie antwortet: „Ja, komm rein.“

Ich betrete den Raum und sehe Nicole in ihrem Snoopy-Nachthemd aufrecht im Bett sitzen. Ihre sonst so großen braunen Augen sind klein und müde.

„Musst du nicht ins Büro?“, frage ich sie und setze mich auf die Bettkante.

Nicole gähnt verschlafen und reibt sich die Stirn. „Nein, heute ist Samstag. Außerdem habe ich noch Urlaub“, erklärt sie mit einem aufgesetzten Lächeln. Nicole arbeitet als Bürokauffrau für ein mittelgroßes Unternehmen. Sie ist es damals auch gewesen, die mir den Büroraum vermittelt hat. So haben wir uns kennengelernt, und über sie habe ich letztendlich Jenny kennengelernt.

Ein Date haben Nicole und ich zuvor sogar gehabt und dabei festgestellt, dass wir bloß Freunde waren.
„Wann wollen wir Jenny besuchen?“
Nicole räuspert sich. „Ich weiß nicht. Ähm, ich meine, hast du nicht erwähnt, dass du sie schon besucht hast, ehe du in meiner Wohnung gelandet bist?“
„Ja, schon. Aber das war nur kurz, und ich konnte mich nicht von ihr verabschieden. Ich wurde ruckartig fortgerissen.“
„Verstehe.“ Nervös – so scheint es mir jedenfalls – stößt Nicole die Luft aus und hüpft schließlich aus dem Bett.
„Was ist los, Nicole? Du bist so eigenartig, so anders.“
„Was weißt du schon von mir? Bevor ich ein Medium für Geister wurde, hast du mir doch kaum Beachtung geschenkt“, entweicht es ihr jetzt bitter.
Schnurstracks steuert sie das Bad an und schlägt die Tür hinter sich zu.
Ups, was war das denn?
Mit dem Kopf fahre ich durch die Tür und sehe, wie sie gerade auf der Toilette sitzt. Erschrocken fährt sie herum. „Noch nie etwas von Privatsphäre gehört? Nur weil du jetzt ein Geist bist, heißt das nicht, dass du überall reingehen kannst!“ Ihre Stimme ist laut und anklagend.
Verständlich! *Ich bin ein Vollidiot. Gott, ist das peinlich! Echt blöd von mir, einfach so da reinzugucken, wenn sie pinkelt. Ich habe gar nicht nachgedacht und bin ihr einfach instinktiv gefolgt. Ihr Verhalten hat mich zu sehr verwirrt.*

„Entschuldige bitte.“, stoße ich reumütig hervor und ziehe meinen Kopf wieder zurück.
„Und jetzt will ich in Ruhe duschen! Wage es nicht noch einmal, hier reinzugehen!“, ruft sie mit wütender Stimme zu mir herüber.
Natürlich. Recht hat sie! Doch was sollte ihr komisches Verhalten von vorhin? Wenn ich es nicht besser wüsste, würde ich sagen, dass es ein wenig eifersüchtig klang.
Gedankenverloren laufe ich in ihrer Wohnung umher. Schließlich visiere ich den Kugelschreiber auf dem Schreibtisch in der hinteren Ecke des Wohnzimmers an und versuche ihn zu greifen. Doch meine Hand ist plötzlich wie Nebel, der sich zersetzt und gleich darauf wieder zusammensetzt. Es gibt so viele Geschichten von spukenden Geistern, die Gegenstände in die Luft fliegen lassen. Es muss mir doch gelingen können!
„Komm, konzentriere dich, David! Du schaffst das!“, rede ich mir selbst gut zu. Abermals strecke ich meine Hand nach dem Stift aus und halte ihn völlig unerwartet in meinen Händen.
„Ja! Ich habe es geschafft!“
Stolz halte ich den Kuli in der Hand und lasse ihn triumphierend auf meiner Handinnenfläche auf und ab rollen. Dann nehme ich mir das Kissen auf der Couch vor und werfe es auf den Boden, hebe es anschließend wieder auf. Es ist ein tolles Gefühl, mehr Kontrolle zu haben!
Ich steure die Wohnwand an und ziehe entschieden eine Schublade auf. Kurz zucke ich zusammen, als mir plötzlich ein Foto von mir ins Auge fällt.

Es ist ein älteres Bild, das Jenny einmal von mir gemacht hat. Dennoch habe ich mich in den darauffolgenden Jahren kaum verändert. Immer noch die schwarzen Locken auf dem Kopf und den Drei-Tage-Bart im Gesicht.

Wieso besitzt sie dieses Foto von mir?

„Was machst du da?", lässt mich Nicoles Stimme zusammenfahren.

Zögerlich drehe ich mich um. Sie steht mitten im Raum, beide Arme vor der Brust verschränkt und sieht mich grimmig an.

„Ich ..., ich wollte meine Geisterfähigkeiten ein bisschen erweitern und Gegenstände bewegen.

„Ach, und da fällt dir nichts anderes ein, als meine privaten Schubladen zu öffnen?"

„Hör zu, ich wollte wirklich nicht schnüffeln."

„Ach, nein?" Mit schnellen Schritten kommt Nicole auf mich zugelaufen, reißt mir das Bild aus der Hand und lässt es rasch in die Schublade zurückfallen. „Hast du so ein Verhalten schon immer an den Tag gelegt, oder glaubst du, dir jetzt alles rausnehmen zu können?", zischt sie und verlässt schnurstracks das Zimmer.

Ich brauche ein paar Minuten, um mich zu sammeln. Dann suche ich Nicole und werde schnell in der Küche fündig. Mit einem Becher frisch gebrühten Kaffees sitzt sie am Tisch und starrt scheinbar verschüchtert auf die Tischplatte.

„Wie ich den Geruch und den Geschmack von Kaffee doch vermisse", murmle ich verunsichert vor mich hin und nehme auf dem gegenüberliegenden Stuhl Platz.

Nicole seufzt tief, fährt sich mit einer Hand durch ihre Lockenmähne und schaut zu mir auf. „Ja, ich weiß, was du denkst, und du hast recht. Ich bin in dich verliebt gewesen. Die ganze Zeit über", gesteht sie heiser. Die geröteten Wangen bringen Farbe in ihren blassen Teint.

Ich muss ein Lächeln unterdrücken. Sie sieht wunderschön aus.

„Nicole, ich weiß nicht, was ich sagen soll, außer: Warum hast du denn nie etwas gesagt?"

Sie schnaubt bitter auf. „Was hätte ich, bitteschön, nach unserem ersten Date sagen sollen, nachdem du die Freundschaftskarte ausgespielt hast? Du hast eben nicht das in mir gesehen, was ich in dir gesehen habe. Und kurze Zeit später hast du dich in meine Schwester verliebt. Da warst du ohnehin tabu."

Langsam nicke ich, stütze meinen Kopf in beide Hände. „Verstehe. Klar."

Wir sehen uns noch einen Moment an, dann schaut jeder blitzschnell woanders hin. Wir untermalen unsere Unsicherheit außerdem mit Schweigen.

Warum habe ich nur nie etwas von ihren Gefühlen geahnt? Sie wirkte immer so unkompliziert, so kumpelhaft.

„Wie geht es jetzt weiter?", will Nicole auf einmal wissen und wirkt nun wie gewohnt: unkompliziert und kumpelhaft.

„Ich weiß es nicht. Glaub mir, ich hoffe, dass ich einen Weg finde, mich ohne Hilfe von deiner Wohnung zu lösen. Ich will hier wirklich nicht rumspuken oder sowas."

„Ach, Quatsch! Irgendetwas hält dich hier. Wir werden schon die Ursache herausfinden, und dann kannst du endlich Frieden schließen."
Ihre Worte sind wie immer warmherzig und aufbauend. Es tut gut, eine Komplizin an meiner Seite zu wissen.
„Danke, Nicole", entgegne ich lächelnd.
„Kein Ding." Mit einer Hand winkt sie ab, erhebt sich und stellt den geleerten Kaffeebecher auf die Spüle.
„Eigentlich schon", lache ich, stehe nun ebenfalls auf und blicke aus dem Fenster. Es schneit. Eine ältere Dame schippt auf der gegenüberliegende Seite Schnee.
„Bringst du mich bitte gleich zu Jenny?"
Deutlich kann ich ein Schnauben vernehmen.
„Nicole?" Ich wende meinen Blick von der Straße ab und schaue zu ihr hinüber. Wie erstarrt steht sie da, beide Hände in die Taschen ihres Morgenmantels vergraben.
„Du hast sie doch schon gesehen. Ich meine, vielleicht wäre es besser ..."
„Was ist los, Nicole?"
Hier geht es nicht um Eifersucht, irgendetwas anderes ist hier im Busch ...
Sie zuckt zusammen, als hätte ich sie bei etwas Verbotenem ertappt. Fahrig greift sie mit einer Hand in ihre Haare, strubbelt sie.
Entschieden nähere ich mich ihr, doch sie fixiert das Gewürzregal in der Ecke links.
„Bitte, rede mit mir. Ich kenne dich. Irgendetwas stimmt nicht."

Nur zögerlich dreht Nicole sich um. Ihre Augen flackern unruhig auf. „Also schön. Jenny, sie …“

„Ja …?“ Auffordernd sehe ich Nicole an und komme einen weiteren Schritt auf sie zu.

„Oh Gott, sie hat dich betrogen und wollte diese Beziehung nicht mehr“, plappert sie plötzlich schnell vor sich hin.

„Was?“ Obwohl ich tot bin, habe ich das Gefühl, als ob mir jemand die Luft abschnürt.

Nicole seufzt tief und hockt sich abermals auf den Stuhl. „Ja, sie hat mir anvertraut, dass sie jemanden kennengelernt und sich Hals über Kopf verliebt hätte und …“ Nicole sieht mich unsicher an, wickelt eine ihrer Locken um den Finger.

„Und was?“ Noch immer kann ich es nicht fassen. Es ist so, als ob ich einen weiteren Tod sterben würde. Zwar einen kleineren, aber einen nicht weniger schockierenden.

Nicole seufzt erneut auf, vergräbt das Gesicht in beide Hände und antwortet: „Sie hatte vor, dich in den nächsten Tagen zu verlassen.“

„Ich verstehe das einfach nicht!“ Beide Hände schlage ich über dem Kopf zusammen und halte kurz inne, versuche zu erfassen, was in unserer Beziehung so schlecht gelaufen ist, dass sie diese nicht mehr hat führen wollen. Ich habe immer den Eindruck gehabt, wir seien glücklich.

„Wieso hast du mir denn nichts gesagt? Ich dachte, wir sind Freunde.“

„Das ist jetzt unfair von dir! Jenny wollte es dir selbst sagen. Es war eine Angelegenheit zwischen euch beiden.“ Betrübt malt Nicole mit ihrem Finger kleine Kreise auf dem Tisch.
„Es tut mir leid. Das war wirklich nicht fair von mir.“ Ich greife instinktiv nach ihrer Hand.
Sie zuckt für einen Moment zusammen, sieht mich ungläubig an.
„Ich hab … ich hab irgendwie etwas gespürt!“
„Echt? Wie fühlt sich denn eine Geisterhand an?“, will ich wissen und lasse schließlich von ihr ab.
„Es fühlt sich so ähnlich an wie Wind. Ein Windhauch auf meiner Haut. Warm und kalt zugleich. Echt verrückt.“
„Hm“, mache ich nur und nicke.

Auf meine zwölfte Bitte hin hat Nicole dann endlich nachgegeben und ist zu ihrer Schwester gefahren. Auch wenn das mehr als masochistisch ist, ich muss es mit eigenen Ohren hören, wenn sie von den Typen redet, mit dem sie mich betrogen hat. Umbringen kann es mich ja jetzt nicht mehr!
Ich spüre eine Menge Wut, als ich mich direkt neben Nicole auf die Couch setze, die Jenny und ich einst für unsere gemeinsame Wohnung gekauft haben und auf der sie es wahrscheinlich mit ihrem Neuen treibt.
„Willst du einen Kaffee?“, fragt Jenny ihre Schwester. Ihre blauen Augen sind kristallklar. Keine Spur der Tränen, keine rotunterlaufenen Ränder darunter, nichts.
„Was ein falsches Miststück! Sie hat mich nie wirklich geliebt!“, entweicht es mir.

Ruckartig wirft mir Nicole einen tadelnden Blick zu.

„Alles in Ordnung?“ Jenny erhebt sich aus dem Sessel, worin sie noch zuvor scheinbar relaxt saß, und blickt ihre Schwester mit hoch gezogener Braue an.

„Ähm, ja. Klar ist alles in Ordnung und ja, ich nehme gern einen Kaffee.“

Sogleich begibt Jenny sich in die Küche.

„Was sollte das? Du hast versprochen, dich ruhig zu verhalten“, schimpft Nicole mit mir, nachdem Jenny außer Reichweite ist.

„Sorry, aber das war einfach zu viel. Hast du gesehen, wie cool sie war?“

Nicole presst die Lippen zusammen, dann erwidert sie: „Ich fand das alles, was sie abgezogen hat auch Scheiße, aber trotzdem wird dein Tod sie nicht kalt gelassen haben.“

Ich kann mir ein Schnauben nicht mehr verkneifen. „Ach nein?“

„Nein. Sicher nicht.“

„Sicher nicht, was?“

Sichtlich ertappt zuckt Nicole zusammen und blickt widerwillig zu ihrer Schwester hinüber, die in der Mitte des Raumes steht. Mit einer Hand hält sie den Henkel der Kaffeetasse, die andere umschlingt den Rest. Auffordernd sieht sie ihre Schwester an.

„Nichts, ich …, ich meinte, sicher nicht einfach alles gerade für dich, oder?“

Jenny seufzt auf, stellt den Kaffeebecher auf dem Tisch ab und lässt sich in den Sessel plumpsen.

„Nein, bestimmt nicht. Die Nachricht von Davids Tod hat mich erschüttert. Es ist ja nicht so, dass er mir zuletzt egal war. Die

Gefühle hatten sich zwar verändert, aber dennoch bedeutete er mir etwas."
Flüchtig wirft mir Nicole einen Blick zu, der wohl so viel aussagen soll wie: Siehst du!
„Die Beerdigung findet übrigens nächste Woche Dienstag statt. Davids Mutter hat mich gerade angerufen."
Nicole nickt langsam und schaut zu Boden.
„Ich kann gerade nicht allein sein. Deshalb bin ich froh, dass ich Marcel an meiner Seite habe."
Ich traue meinen Ohren nicht.
Wie konnte ich denn die ganzen zwei Jahre auf diese Bitch hereinfallen? Musste ich erst sterben, um das zu merken? Mann, muss ich blind gewesen sein!
Ein Ruck geht durch mich, ich springe vom Sofa auf und bewege wie von selbst meine Hand. Dadurch schleudert die Tasse samt Inhalt auf Jennys Schoß. Diese schreit panisch auf und hüpft wie ein geölter Blitz in die Höhe. Schmerzhaft stöhnt sie vor sich hin, ist mit einem Mal kreidebleich geworden.
„Au, es tut so weh. Au, Au!", wimmert sie und geht in die Hocke.
„Warte, ich hole dir einen kalten Lappen zum Kühlen", sagt Nicole und sprintet auch schon los.
Über mein impulsives Verhalten bin ich erschrocken und bereue es auch. Ich bin ja kein Attentäter. Es ist von der Wut gesteuert worden, in diesem Moment habe ich keine Kontrolle gehabt. Außerdem glaube ich nicht, dass ich so etwas als Mensch gebracht hätte. Geister sollte man wohl einfach nicht reizen.

Langsam bewege ich mich auf Jenny zu, gehe nun ebenfalls in die Hocke und blicke in ihre tiefblauen Augen, die mir einmal die Welt bedeutet haben.

„Wieso, Jenny? Warum hast du eines Tages einfach beschlossen, mich nicht mehr zu lieben? Was habe ich falsch gemacht?“

Einige Sekunden sehe ich sie intensiv an, so als ob ich in ihren Augen eine Antwort auf meine Fragen bekommen könnte. Doch in ihnen ist nicht als Leere zu sehen. Jenny sieht durch mich hindurch und blickt dann zu ihrer Schwester hinüber, die ihr gerade einen nassen Waschlappen hinhält. Nicole schoppt ihren Rock hoch und legt den Lappen auf ihre Oberschenkel.

„Hoffentlich ist es keine schwere Verbrennung“, meint Nicole und wirft mir einen vernichtenden Blick zu.

„Es geht schon. Der Schock ist viel größer. Was zum Teufel ist da gerade passiert?“

„Ich ..., ich weiß es nicht. Echt komisch, he?“ Nicole räuspert sich lange und zieht ihre Schwester schließlich in den Sessel zurück.

„Geht´s?“

„Ja, das wird schon wieder.“ Jenny fährt sich mit einer Hand in die langen blonden Haare und stößt die Luft aus.

Noch immer sieht Nicole mich anklagend an, wandert dann auf die Couch zurück.

„Ich will wissen, ob sie mich überhaupt jemals richtig geliebt hat“, stoße ich hervor und laufe unruhig im Zimmer auf und ab.

„Bitte frag sie!“

Mit weit aufgerissenen Augen und zusammengekniffenen Lippen schüttelt Nicole den Kopf.

„Warum schüttelst du denn die ganze Zeit den Kopf, und wo starrst du immer hin?“, fragt Jenny deutlich entgeistert.
„Es ist nichts ... Ähm, ich habe kaum geschlafen, meine Nerven.“
„Entschuldige die doofe Fragerei, Liebes. Ich weiß, David war immer ein guter Freund für dich.“
Abermals schüttelt Nicole den Kopf. „Ja, er hat mir sehr viel bedeutet. Zu viel, um ehrlich zu sein. Ich finde es immer noch total schäbig von dir, wie du dich verhalten hast!“
„Hey, das ist ungerecht! Ich war mit David einfach nie so glücklich wie mit Marcel. Gegen Gefühle ist man machtlos. Aber warum hast du mir nicht eher verraten, dass du was für David empfindest?“
Nicole seufzt tief, kneift die Augen zusammen. „Weil ich verdammt noch mal vor Kurzem noch dachte, ihr seid glücklich.“
Mit diesen Worten verlässt Nicole schließlich die Wohnung. Ich folge ihr, ohne mich noch einmal umzudrehen.

Es dämmert bereits. Straßenlaternen leuchten uns den Weg bis zum Auto. Neuschnee bedeckt den Asphalt glitzernd und funkelnd wie abertausende Diamanten.
Schnaubend steigt Nicole ein und lässt sich in den Autositz sinken.
„Danke für den Zuspruch, und entschuldige die Attacke zuvor. Ich wollte wirklich die Beine stillhalten, aber irgendwie ...“
„Schon gut. Meine Schwester ist eine oberflächliche Hexe.“
„Ich war so blind gewesen.“
„Mach dir keine Vorwürfe. Liebe macht blind.“

„Blind und taub und blöd“, ergänze ich mit einer Mischung aus Bitterkeit und Belustigung in der Stimme. „Gut, dass ich jetzt die Wahrheit kenne.“

Wie aus dem Nichts sehe ich plötzlich ein blendend helles Licht, ein paar Meter vor uns. „Das muss es sein, mein Licht.“

„Wirklich?“ Nicole schluckt hörbar und wirft mir ein warmes Lächeln zu. „Na, dann ...“

Mein Blick ruht für einige Sekunden auf ihr. Ihre warmen Augen schimmern feucht.

„Worauf wartest du noch?“ Sie setzt ein Lächeln auf.

„Danke für alles, Nicole! Du bist großartig!“, sage ich und streiche mit dem Daumen sanft ihre Wange entlang.

„Mach´s gut, David!“

„Leb wohl, Nicole, und pass‘ auf dich auf, ja?“

Schnell nickt sie und beginnt zu schniefen. Langsam trete ich aus dem Wagen, starre dabei wie gebannt in dieses umwerfend schöne Licht, das wie ein Tor vor mir liegt und mich auf magische Weise anzieht. Ein letztes Mal drehe ich mich zu Nicole um, dann setze ich entschlossen meinen Weg fort. Doch als mich noch gute drei Schritte von dem Licht trennen, wird es zuerst immer kleiner und verschwindet dann vollends.

Völlig perplex stehe ich da.

„Was ist los?“, ruft mir Nicole entgegen.

Ich drehe mich nun wieder in ihre Richtung und kann sehen, dass sie mittlerweile aus dem Wagen gestiegen ist und sich auf mich zu bewegt.

„Ich habe nicht die geringste Ahnung“, entgegne ich noch immer verwirrt. Eine ganze Weile stehe ich einfach so da und Nicole auch. Ihre Augen sind unter der dicken, grünen Mütze kaum mehr zu erkennen. Immer wieder pustet sie sich fröstelnd in die Hände. Der kondensierte Atem steigt dabei empor.
„Das ist heute einfach nicht mein Tag. Komm, wir fahren irgendwo hin.“ Auffordernd nicke ich ihr zu.

„Sicher, dass du mit mir in diesem Café sitzen willst?“, fragt Nicole und sieht mich dabei ungläubig an. Ihren tannengrünen Mantel hat sie akkurat hinter ihren Stuhl gehängt. Gerade will sie noch etwas sagen, hält dann aber inne, als sie bemerkt, dass einige Leute sie von ihren Tischen hinweg anstarren. Für die führt sie gerade Selbstgespräche. Rasch greift sie in ihre Tasche, fischt ihr Handy heraus und hält es sich ans Ohr. „So ist es besser“, meint sie grinsend.
Ich nicke bloß lachend.
„Hier hatten wir damals unser Date.“
„Ich weiß“, antworte ich und sehe sie dabei intensiv an.
„Guten Abend“, sagt der Kellner, den wir wohl beide nicht haben kommen sehen, und legt eine Getränkekarte auf den Tisch. „Schauen Sie in Ruhe durch. Ich bin gleich wieder bei Ihnen“, meint er freundlich und wandert auch schon zu einem anderen Tisch.
Den ganzen Abend über unterhalten wir uns über Gott und die Welt. Ich verrate Nicole von meinen Zielen, die ich noch als Werbetexter gehabt habe. Ich hab‘ mich nicht mehr mit Radio-

werbung zufriedengeben und das Fernsehen ansteuern wollen, ein Haus im Grünen kaufen, eines Tages. Ich erzähle ihr ein bisschen mehr über meine Kindheit, mein wohlbehütetes Leben mit meinen Eltern auf dem Land, welches meine Lieblingsband war, all diese Details, über die wir nie gesprochen haben. Auch sie erzählt mir ein paar witzige Anekdoten ihrer Schulzeit, wann sie das erste Mal heimlich Alkohol getrunken hat, dass sie sich neben ihrer Schwester unentwegt wie ein Mauerblümchen gefühlt hat und von ihrem Wunsch, einmal den Eiffelturm in Paris zu besichtigen. Anders als Jenny ist Nicole außer einmal in Spanien und Amsterdam in keinem anderen Land gewesen.

„Du könntest für ein Wochenende mal nach Paris fliegen. Die Flüge sind gar nicht so teuer, jedenfalls nicht immer."

„Ich möchte sicherlich die Stadt der Liebe nicht allein besuchen. Ich hatte immer auf einen geeigneten Begleiter gehofft." Nicole nippt an ihrem Cappuccino und hält noch immer ihr Handy ans Ohr.

„Sicher taucht der richtige Begleiter bald auf. Da bin ich ganz sicher."

„Vielleicht bin ich ihm auch schon begegnet."

Ihre Worte, gepaart mit diesem durchdringenden Blick, lassen mich innehalten.

Es ist fast 22 Uhr, als Nicole bezahlt und wir zurück zum Auto laufen.

Die Sterne leuchten hell und klar am tiefschwarzen Nachthimmel. Es ist fast schon gespenstisch ruhig auf den Straßen, Ironie nicht beabsichtigt.
Plötzlich fahre ich zusammen, als ich erneut dieses Tor mit dem gleißenden Lichterkranz etwa fünf Meter vor mir erblicke. Wie gebannt laufe ich darauf zu. Wahrlich habe ich noch nie zuvor etwas so Schönes gesehen.
„Was ist los?“, durchbricht Nicoles Stimme diesen Bann, und ebenso schnell, wie das Licht aufgetaucht ist, ist es auch wieder verschwunden.
„Das war mein Licht“, erkläre ich betrübt. Mir scheint es fast so, als ob Nicole es vertrieben hätte. Dann fällt es mir plötzlich wie Schuppen von den Augen:
Sie ist der Grund. Sie ist der Grund, warum ich mich von dieser irdischen Welt nicht lossagen, warum ich mein Tor ins Jenseits nicht betreten kann. Nicht irgendeine fremde Macht hält mich in Nicoles Wohnung fest, es ist sie! Sicherlich nicht bewusst, aber Nicoles Gefühle für mich – ich bin mir inzwischen ziemlich sicher, dass sie noch welche hat – halten mich fest.

Während der ganzen Autofahrt schweige ich, denn ich weiß nicht genau, wie ich Nicole meine Erkenntnis beibringen soll. Es darf sich nicht wie ein Vorwurf anhören.
Gerade als wir ihren Hausflur erreichen, sagt sie: „Lass den Kopf nicht hängen. Es gibt noch etwas Unerledigtes, was dich hier hält, vermute ich. Wir werden schon herausfinden, was es ist.“
Ein flüchtiges Lächeln huscht über ihr Gesicht.

Mit einer fließenden Bewegung hängt sie ihren Mantel an den Mantelstock, dann legt sie ihre Mütze auf dem Garderobenschrank ab und steuert das Wohnzimmer an.
„Der Grund bist du“, erwidere ich und sehe, wie sie abrupt stehen bleibt und sich umdreht.
„Wie bitte?“ Ihre Stimme ist nicht mehr als ein Flüstern.
Ich nähere mich Nicole mit zwei Schritten und bemerke ihre unruhige Atmung.
„Mit einem Mal ist es mir klar geworden. Ich bin genau zu dem Zeitpunkt in deiner Wohnung gelandet, als du von meinem Tod erfahren hast. Dein Schmerz, deine Trauer haben mich irgendwie angezogen. Vielleicht ist auch der Grund dafür gewesen, dass ich Klarheit haben soll über Jenny, über dich, keine Ahnung. Ich weiß nur, dass ich deine Wohnung oder vielmehr dich nicht verlassen kann, weil du es nicht willst“, beende ich meine Erläuterung und schaue sie prüfend an.
Nicole schnaubt und stößt ein hörbar nervöses Lachen aus. „Das ist doch Quatsch! Warum soll ich dich hier festhalten wollen? Bin ich jetzt eine verdammte Geister-Kidnapperin, oder wie ist das gemeint?“ Ihre Stimme ist laut geworden und ich erkenne den Schmerz darin.
Abrupt rennt Nicole in den nächsten Raum. Langsam folge ich ihr und kann sehen, wie sie das Bad anvisiert und schließlich lautstark die Tür hinter sich zuknallt.
Diesmal halte ich mich zurück und bleibe schön brav vor der Tür stehen. „Hey, Nicole, so war das wirklich nicht gemeint! Ich

weiß, dass es keine Absicht war. Du ..., du hast noch Gefühle für mich und ...“
„Du bist wirklich kein Stück anmaßend“, zischt sie mir zu.
„Ist es nicht so?“, frage ich sie eindringlich, obwohl ich keinen einzigen Zweifel hege.
Langes Schweigen.
Ich verweile in meiner Position, stehe da wie ein Baum, fest und beständig. Die Stille, die uns umgibt, ist wie ein Vorhang aus dickem Samt. Dann höre ich sie plötzlich tief seufzen, und die Tür springt auf. Nicole steht vor mir, so zerbrechlich. Ihre Augen sind voller Tränen. „Ja, es stimmt. Ich habe nie aufgehört, dich zu lieben. Deswegen wollte ich immer Zeit mit dir und Jenny verbringen, auch wenn das selbstzerstörerisch war. Ich wollte nur in deiner Nähe sein.“ Schnell hebt und senkt sich Nicoles Brustkorb. Hastig wischt sie sich eine Träne aus dem Gesicht und geht vor mir in die Hocke. Ihre Arme sind um ihre Hüfte geschlungen, und ihr ganzer Körper bebt.
Mit dieser heftigen Reaktion habe ich nicht gerechnet. Für einen kurzen Augenblick bin ich unfähig, etwas zu sagen. Ich bin einfach nur gerührt über ihre tiefen und aufrichtigen Gefühle für mich und fühle mich so mies und erbärmlich.
Ich folge ihr schließlich nach unten und lege eine Hand auf ihren Rücken. Für etwa eine Sekunde zuckt sie zusammen. Ihr Gesicht ist unter ihren Händen vergraben. Wahrscheinlich traut sie sich nicht, mich anzusehen.

„Ich war ja so ein Trottel, dass ich nichts gemerkt habe", sage ich langsam und rücke näher an sie heran, den Arm noch immer um sie geschlungen.
„Nein, mir tut es leid", wispert Nicole und schaut mir endlich wieder in die Augen. Noch immer ist dieser tiefe Schmerz darin unverkennbar. „Ich habe dich, ohne es zu wissen, an mich gebunden, und dir ist daher der Eintritt ins Jenseits verwehrt geblieben", jammert sie.
„Es ist hoffentlich nicht zu spät", raune ich ihr aufmunternd zu und löse mich wieder von ihr, stehe auf und blicke auf sie herab. „Du musst versuchen, mich loszulassen. Lass mich gehen, Nicole!"
„Das kann ich nicht!", bricht es aus ihr heraus. Schon wieder verlässt sie fluchtartig den Raum.
Ich gebe ihr etwas Zeit, sich zu sammeln, dann suche ich nach ihr. Schließlich werde ich in ihrem Schlafzimmer fündig. Bäuchlings liegt sie auf dem Bett. Die Tiffany-Stehlampe auf ihrem Nachttisch spendet etwas Licht. Ansonsten ist es dunkel im Raum. Nicht einmal der Schein des Mondes oder der Straßenlaternen lassen Licht ins Zimmer fallen. Nicole hat die Vorhänge zugezogen. Ich setze mich auf die Bettkante.
Flüchtig dreht sie sich zu mir um, wendet sich dann wieder ab und sagt: „Bitte, glaub mir, ich möchte dich ja loslassen, mich selbst davon lösen, aber ..."
„Es ist schwer", beende ich ihren Satz.
„Ja, genau." Erneutes Schweigen setzt ein. Dann schläft Nicole schließlich ein.

Vorsichtig schnappe ich mir die Decke und lege sie ihr bis zu den Oberarmen. „Schlaf ein bisschen. Ich bleibe solange hier“, murmle ich an ihrem Ohr und setze mich aufs Bett zurück.

In dieser ganzen Nacht lasse ich meine erste Begegnung mit Nicole Revue passieren. Sie ist der erste Mensch gewesen, den ich in dieser Stadt kennenlernen durfte. Von Anfang an ist sie mir sympathisch gewesen. Doch warum schien mir diese unkomplizierte Art zu langweilig zu sein? Warum haben mich von jeher die schwierigen Frauen angezogen? Die Art von Frauen, die meine Ideen ständig in den Wind schießen, weil sie bessere haben. Nicole hat damals meinen Vorschlag, mit ihr einen Kaffee im Café des Balzac zu trinken, sofort mit einem freundlichen Lächeln quittiert. Anders als Jenny hat sie nicht ständig nur von sich geredet, sondern einfach zugehört.

Vielleicht hat mein Desinteresse auch an ihrem Kleidungsstil gelegen, rätsele ich. Hochgeschlossene Blusen und lange Röcke sind nicht so ansprechend wie weit ausgeschnittene Tops und Miniröcke, auch wenn das jetzt sehr oberflächlich klingt. Nicole ist immer ein besonderer Mensch für mich gewesen. Habe ich mich von Jennys imposantem Erscheinungsbild blenden lassen? Oder denke ich jetzt bloß so, weil ich die traurige Wahrheit über sie erfahren habe? Was wäre gewesen, wenn ich mir und Nicole eine Chance gegeben hätte?

Am nächsten Morgen warte ich geduldig in der Küche, bis Nicole diese geduscht und angezogen betritt.

„Guten Morgen!“, sage ich, ein Bein über das andere geschlagen, zurückgelehnt auf einem Stuhl.

Ein ausgedehntes Gähnen ist zu hören, dann erwidert sie meinen Gruß. Ein wenig verschüchtert setzt Nicole sich zu mir an dem Tisch, nachdem sie sich einen Kaffee gemacht hat.

Scheinbar unsicher nestelt sie an ihrem grauen Cashmere-Pullover herum.

„Hey, dir muss nichts von gestern peinlich sein“, beschwichtige ich und lasse ein Lächeln über meine Mundwinkel gleiten.

Nicole winkelt beide Beine an ihrem Körper und zieht den Pullover darüber.

„Na ja, ich weiß nicht recht.“ Offenbar gequält zieht sie einen Mundwinkel nach oben und wirft mir einen kurzen Blick zu, ehe sie diesen abwendet und an ihrem Kaffeebecher nippt.

„Willst du nichts essen?“

„Kein Hunger.“

„Hm.“ *Warum ist das hier gerade nur so schwer? Es ist so verkrampft zwischen uns. Wie kann ich nur bloß das Eis brechen?*

Gerne möchte ich Nicole ein wenig aufmuntern, denn sie hat lange genug gelitten. Dann kommt mir plötzlich eine Idee.

„Komm, wir machen einen kleinen Auslug“, sage ich und sehe sie vielsagend an.

Fasziniert – so hoffe ich jedenfalls – hat Nicole die Nase an die Fensterscheibe gepresst und schaut hinaus auf das gigantische Panorama der Stadt. Winzige Bäume, Häuser und Straßen sind zu sehen. Menschen und Autos wirken aus der Entfernung wie

Ameisen. Hohe Gebäudekomplexe erstrecken sich unter uns. Kirchtürme, Krankenhäuser, alles, was Berlin ausmacht, ist zu bewundern, erstrahlt in einem besonderen Glanz. Der ganze Zauber dieser Stadt, eingefangen in diesem Aussichtspunkt.
„Wow! Es ist atemberaubend“, entfährt es ihr.
„Das ist zwar nicht der Eiffelturm, aber ich dachte, dass für heute vielleicht der Fernsehturm ausreichend für dich ist“, sage ich belustigt und freue mich über ihre fast schon kindliche Freude. Endlich wendet sie sich wieder mir zu und schenkt mir ein breites Grinsen. „Machst du Witze? Es ist perfekt. Danke.“
Ich räuspere mich und mache sie auf die vielen Blicke der Leute um uns herum aufmerksam, die nur ihr gelten.
„Ach, sollen die doch glotzen“, kichert Nicole unbekümmert.
Ich muss schmunzeln. Sie strahlt, wirkt in diesem Moment so sorglos und glücklich.
„Komm“, sagt sie schließlich und winkt mich mit einer Hand zu sich rüber. „Lass uns weitergehen.“

„Es war ein toller Nachmittag“, sagt Nicole und wirft mir einen kurzen Seitenblick zu. Wir laufen die Straße nebeneinander her zu ihrem Auto zurück. Der Schnee ist inzwischen geschmolzen. Überall um uns herum sind angetaute Eisklumpen und weiße Matsche zu sehen. Es dämmert, und der große Abendstern präsentiert sich bereits am Himmel.
„Es freut mich, dass es dir gefallen hat“, meine ich und lächle sie an. Nicoles Mütze sitzt für meinen Geschmack ein wenig zu tief und verbirgt ihre Augen. Ihre Hände hat sie in ihre Manteltasche

gestopft und blickt zum Himmel empor. Urplötzlich rutscht sie aus und fällt rücklings zu Boden.
Sofort gehe ich zu ihr in die Hocke. „Ist alles in Ordnung? Kannst du aufstehen?"
„Halb so wild." Ihre Mütze ist vom Sturz leicht verrutscht, und ich kann in ihre Augen sehen. Sie offenbaren einen ganz besonderen Glanz. Wie gebannt starre ich hinein. Dann komme ich wieder halbwegs zur Besinnung. Sie darf ihre Gefühle nicht in einen Geist investieren. Wir haben unsere Chance gehabt.
„Komm, versuch mal vorsichtig aufzustehen", fordere ich sie auf und ziehe sie schließlich zu mir nach oben. Unsere Gesichter nähern sich. Dann hält Nicole in ihren Bewegungen inne. „Ich habe noch nie einen Geist geküsst", flüstert sie und kommt noch ein Stückchen näher. Ob wir gerade allein sind oder Leute Nicole dabei beobachten, wie sie ihre Lippen spitzt und dabei ins Leere starrt, weiß ich nicht, denn ich sehe gerade nur noch sie. Trotz meiner Bedenken lasse ich sie gewähren, und so berühren sich unsere Lippen. Für ein paar Sekunden erwidere ich sogar den Kuss, der sich wie das Kitzeln der Sonne auf einer taubenetzten Wiese anfühlt oder anfühlen muss. Dann höre ich auf. „Und? Wie fühlt es sich an?", frage ich sie ernst.
Nicole legt die Stirnen in Falten. „Es fühlt sich so leicht an, so als ob eine warme Brise meine Lippen streichelt. Es war schön."
Ich seufze auf. „Nicole, es geht nicht. Du darfst dich nicht mehr in mich verlieren. Ich bin tot, du lebst. Ich will, dass du dein Leben führst, so wie es sein soll."

„Ich habe die ganze Zeit über auf so etwas gewartet. Warum musstest du erst sterben, damit das geschieht?“ Ihre Stimme bricht zum Ende des Satzes.
„Lass uns das lieber woanders klären“, sage ich und deute mit dem Kopf auf die zwei neugierigen, alten Weiber, die etwa zwei Meter von uns entfernt stehen und vor sich hin tuscheln. Nicole atmet tief durch und setzt ihren Weg mit mir fort.

„Ich würde wirklich gern für immer bei dir bleiben“, erkläre ich, als wir in Nicoles Auto Platz genommen haben und uns anstarren. Die Fenster sind vereist.
„Dann tu´s doch einfach! Bleib bei mir!“ Sie startet den Motor, um die Heizung anmachen zu können.
„Nein.“ Ich schüttle entschieden den Kopf. „Hier bei dir kann ich nicht bleiben, und das weißt du genau. Ich bin weder aus Fleisch und Blut, noch besitze ich einen Herzschlag. Ich kann dir all das nicht geben, was du brauchst. Du sollst eine erfüllte Beziehung führen, eines Tages. Das wünsche ich mir für dich“, entgegne ich bitter und bestimmt.
„Ich liebe dich.“
„Dann lass mich gehen, bitte!“
Sie muss es verstehen, selbst einsehen, um diesen Schritt zu wagen. Ich hoffe inständig, dass es ihr gelingt.
Nicole stößt einen Seufzer aus. „Empfindest du denn gar nichts für mich? Ich meine …“
Ihr verzweifelter Blick zerreißt mich schier. Auch wenn ein großer Teil von mir bei ihr bleiben will, darf ich nicht egoistisch sein.

„Ich liebe dich. Leider habe ich das zu spät erkannt. Unser Zug ist längst abgefahren."
„Vielleicht war es das, was du noch erkennen solltest."
„Ja, ich denke schon."
Unruhig schnieft Nicole und beißt sich auf die Unterlippe. „Also schön. Es gibt da zwar keinen Schalter, den ich umlegen kann, aber ich versuche, es zu akzeptieren. Und ja, du hast recht! Du kannst nicht hierbleiben. Der Himmel wartet bereits auf dich." Gequält lächelt sie.
Mit einer Hand fahre ich ihr durchs Haar, sie schließt die Augen. „Ich lasse dich los, David Marquad. Ich lasse dich los. Du bist frei. Geh ins Licht und finde deinen Platz, und ich werde meinen finden."
Ich traue meinen Augen nicht, als ich doch tatsächlich mein helles strahlendes Himmelstor etwa zwei Armlängen vor mir erblicke.
Ich verfolge, wie Nicole ihre Augen wieder aufschlägt.
„Es hat geklappt", wispere ich ihr zu. „Du bist die einzigartigste Frau, die mir je begegnet ist."
Ich hauche ihr einen Kuss auf die Stirn und steige aus dem Wagen.
„Ich werde dich nie vergessen, David", ruft sie mir schnell hinterher.
Es ist schon verrückt. Da muss man erst sterben, um seine wahre Liebe zu finden, denke ich und gehe durch die Tür ins Licht.

*Von jeher war ich fasziniert von Geistergeschichten. Am schönsten waren sie gepaart mit einer Prise oder einer Portion Romantik für mich. Die Frage aller Fragen, die sich viele von uns stellen: Was passiert nach den Tod?
Das Allerwichtigste, worüber wir nachdenken sollten, ist: Wie lebe ich möglichst erfüllt, stressfrei und im Einklang mit mir selbst?
„Ein Windhauch auf meiner Haut" hat eine ganz klare Botschaft: Genieße dein Leben, mache all die Dinge, die du tun willst. Verschiebe es nicht auf irgendwann, sondern sei bereit. Und vor allem: Zögere nicht, dem Menschen zu sagen, dass du ihn liebst. Es könnte nämlich irgendwann zu spät sein.
Sagt es oft zueinander, geht nie im Streit auseinander, denn man weiß nie genau, was kommt. Nutzt die Zeit, denn die Zeit ist jetzt!

Emily

Es fällt mir immer noch schwer, darüber zu reden, geschweige denn darüber zu schreiben, denn es ist die schwerste Zeit in meinem Leben gewesen ...
Keine Geschichte, nicht Tausende von Wörtern könnten jemals das ausdrücken, was ich damals gefühlt hab.
Dennoch will ich es halbwegs versuchen: Schon immer hatte ich mir gewünscht, Mutter zu werden. Dabei hatte ich stets eine Tochter vor Augen gehabt, doch immer wieder selbst zu mir gesagt: "Das Geschlecht ist nicht so wichtig. Hauptsache er oder sie ist gesund!"
2016 konnten mein Mann und ich unser Glück kaum fassen: Ich war schwanger! Die ersten Wochen waren quälend für mich, denn ich litt unter ständiger starker Übelkeit. Als sich das nach etwa drei Monaten legte, konnte ich endlich meine Schwangerschaft genießen. Ich spürte die ersten Bewegungen meines Babys. Es war ein Mädchen, das in mir heranwuchs. Ich gab ihr den Namen Emily. Ja, so sollte unsere Tochter heißen. Ich war unendlich glücklich.
Ich würde sagen, ich hatte bereits eine sehr intensive Verbindung zu meiner Tochter. Ich glaube, das sagt jede Schwangere. Ich träumte sogar von ihr. Sie stellte sich als junges Mädchen und als Teenager bei mir vor. Ja, meine Tochter erschien mir im Traum, um Hallo zu sagen. Sie hatte rote Haare und sah einfach zauberhaft aus. Doch ein anderer Traum, einige Tage später, ließ mir das Blut in den Adern gefrieren: Ich sah im Traum, dass

meine Emily sehr krank war. War es bloß ein Alptraum, oder spürte eine Mutter so etwas? Angst wuchs in mir.
Einige Wochen später ergab sich bei einer Frühuntersuchung ein Befund. Ein bestimmter Wert war zu hoch. Meine Frauenärztin schickte mich zur Pränataldiagnostik, meinte jedoch, dass es höchstwahrscheinlich nur Routine bleiben würde, weiter nichts. So fuhren mein Mann und ich in die Praxis. Mein Bauch wurde lange und intensiv geschallt. Kurz darauf sagte uns der behandelnde Arzt, dass unser Kind ein Loch im Herzen und einen offenen Rücken hätte. Diese Worte glitten so selbstverständlich aus seinem Mund, als würde er gerade über das Wetter draußen reden. Ich bekam plötzlich keine Luft mehr. Alles deutete auf Spina Bifida hin, meinte er, und dass Emily nach der Geburt wahrscheinlich niemals aufrecht laufen könne ... Außerdem würde sie aufgrund der offenen Stellen an ihrem Rücken in Lebensgefahr schweben. Eine Welt brach für mich in diesem Moment zusammen. Ein Schatten legte sich auf meiner Seele. Ich fühlte mich wie in einem Alptraum, aus dem ich nicht mehr aufwachen konnte. Sogar einen Schwangerschaftsabbruch legte man mir nahe. Doch ich wollte und konnte meine Tochter nicht aufgeben. Die nächsten Wochen waren quälend. Ich recherchierte alles zum Thema Spina Bifida, was ich nur finden konnte, und entdeckte eine Spezialklinik in Gießen. Dort konnten sich Schwangere mit erkrankten Babys im Bauch von einem Expertenteam untersuchen und beraten lassen, Geburten planen, pränatale Operationen durchführen lassen. Ich beschwor meinen Mann, mit mir dort hinzufahren. Ich wollte für meine Tochter kämpfen,

für sie alle Chancen ergreifen, die ich ergreifen konnte. Ich durfte sie nicht verlieren, niemals!
Die Ärzte in der Klinik dort besaßen die modernste Technik, schallten jeden Winkel meines Bauchs. Verkrampft und voller Angst, aber auch voller Hoffnung und Liebe lag ich auf dieser Liege, betete in Gedanken, betete dafür, dass ein Wunder geschähe und meine Tochter gerettet würde. Dann die Erlösung: Der Arzt versicherte uns, dass sie eine pränatale Operation durchführen könnten, um den offenen Rücken meines Babys zu schließen. Es wäre sehr wahrscheinlich, dass unser Kind danach sogar laufen könne. Ein Stein fiel von meinem Herzen, ich musste weinen vor Freude. Die ganze Anspannung fiel ab von mir, und die Hoffnung erlangte die Oberhand.
Gespannt warteten wir auf das Abschlussgespräch des Chef-Arztes. Doch seine Worte ließen uns erneut in ein tiefes Loch fallen: "Ich kann nicht verstehen, wer Ihnen dieses Märchen erzählt hat, aber es ist nicht wahr."
Wir fühlten uns wie in einer Achterbahn. Was machte man nur hier mit uns? All die Hoffnung war mit einem Schlag zerstört. Das war einfach nicht fair. Verdammt, schrie es in mir, das war einfach nicht fair!
Es schien noch schlimmer, denn der Chefarzt hegte den Verdacht, dass unser Kind unter Trisomie 18 leidet, eine Chromosom-Störung. Klarheit konnte nur eine Fruchtwasseruntersuchung geben. Ich brach komplett zusammen. Völlig betäubt gingen mein Mann und ich zu unserem Hotelzimmer zurück und weinten uns die Augen aus.

Nachdem mir am nächsten Tag Fruchtwasser entnommen worden war, fuhren wir wieder nach Hause. Das Ergebnis, welches das Leben unseres Kindes bestimmen würde, würde etwa sechs Wochen auf sich warten lassen. Eine weitere quälende Zeit begann. Emily wuchs in meinem Bauch, schien sogar fröhlich. Immerzu drehte sie sich und strampelte. Ich streichelte über meinen Bauch und versprach ihr, weiter zu kämpfen. Dieser Verdacht durfte sich nicht bestätigen, dann hätte meine Tochter eine Chance. Wir brauchten nur eine Chance!

Mit zitternden Händen und klopfendem Herzen rief ich den ganzen Tag im Labor in Gießen an. Die Wartezeit war verstrichen. Ich wollte endlich eine Antwort, denn die letzten Wochen waren die Hölle für mich gewesen. Als dann die Bestätigung kam, dass es Trisomie 18 war, färbte sich alles schwarz um mich herum, mein Herz verkrampfte sich. Somit stand fest, dass mein Kind eine Behinderung hatte und höchstwahrscheinlich die Geburt nicht überleben würde. Falls doch, so hätte sie keine hohe Lebenserwartung, die zudem mit Schmerzen einhergehen würde … Ich hatte bereits keine Tränen mehr zum Weinen, es waren schon unendlich viele vergossen worden. Kein bisschen Kraft schien noch in mir zu sein. Es war aussichtslos. Es gab keinen Strohhalm mehr, an den ich mich jetzt noch klammern konnte. Ich rief meine Frauenärztin an, die einen Termin beim Pränataldiagnostiker für einen Fetozid vereinbarte. Fetozid, was für ein schreckliches, widerwärtiges Wort! Es war die schwerste Entscheidung meines Lebens. Ich sollte dem Arzt die Anweisung

geben, meinem Kind eine Spritze ans Herz zu setzen, worauf es dann für immer einschliefe. Ich war fast im sechsten Monat. Ich konnte es nicht begreifen, nicht richtig realisieren. Ich spürte meine Emily in mir leben, und wir gehörten doch zusammen!
Die Nacht vor dem schrecklichsten Tag meines Lebens machte ich kein Auge zu. Emily spürte, dass etwas vor sich ging. Sie strampelte unruhig in meinem Bauch. Es tat so gut, sie noch zu spüren. Das war unsere Nacht, unser Abschied. Keiner konnte uns das nehmen. Ich sprach zu ihr und wusste, dass sie mich hören konnte. Ich wusste es einfach. Ich sagte zu ihr: Mein Schatz, ich liebe dich. Ich liebe dich so sehr. Deshalb muss ich dich gehen lassen. An einen besseren Ort. Dort wird es dir gut gehen. Du wirst niemals Schmerzen haben, und du wirst vom Himmel runterblicken können und mich immer sehen. Du wirst mich immer sehen."
Es war das Allerschrecklichste in meinem Leben, dem Arzt mein Okay für diesen Eingriff zu geben. Er fragte mich, ob ich bereit wäre. Doch ich würde niemals bereit sein, schrie es in mir. Niemals. Als er die Spritze an meinen Bauch setzte, sagte ich ganz laut: "Das ist nur eine Fruchtwasseruntersuchung, das ist nur eine Fruchtwasseruntersuchung " Als er einstach, klopfte mein Herz wie verrückt. In Gedanken betete ich einige Male das Vater unser und sagte das Apostolische Glaubensbekenntnis auf. Als der Arzt dann von mir ab ließ, verkrampfte sich mein Herz augenblicklich. Ich wusste, Emily war tot in meinem Bauch. Ihr Herz hatte aufgehört zu schlagen. Ich war allein, so fühlte ich mich. Ich schrie, so laut ich konnte. Mein Mann hielt meine Hand fest,

die ich ihm fast zerdrückte. Mir war in diesem Moment, als hätte man mich mit getötet. Doch ich war scheinbar noch lebendig, denn sonst hätte ich nicht schreien können. Es war surreal, alles um mich herum drehte sich plötzlich viel zu schnell. So musste die Hölle aussehen, schoss es mir durch den Kopf.
Wir mussten uns dennoch aufrappeln, auch wenn ich mich am liebsten in einer Ecke verkrochen hätte. Wir fuhren ins Krankenhaus, wo man uns bereits erwartete. Meine Schwester wollte uns beistehen, beschloss, die folgenden zwei Tage mit meinem Mann und mir das Zimmer zu teilen. Ich war froh, sie an meiner Seite zu wissen. Denn etwas ganz, ganz Schwieriges stand mir noch bevor: die Geburt.
Es war ein Karfreitag, an dem sie dann die Wehen einleiteten und ich unter stundenlangen, quälenden Schmerzen mein Kind aus mir herauspresste. Unsere Seelsorgerin riet uns, Emily noch einmal anzusehen, um Abschied zu nehmen und um alles noch einmal besser verarbeiten zu können. Als ich sie sah, in einem weißen Tuch eingewickelt, sie hielt, verspürte ich mehr Liebe und Schmerz als jemals zuvor. Sie war so klein, so hübsch und so kalt. Sie war eiskalt. Ich fühlte, wie mich meine Kräfte verließen und ich innerlich zusammenbrach.

Wochen vergingen. Die Trauer fraß mich auf. Ich wurde immer verbitterter.
Warum ist mir das passiert?
Was hat das alles für einen Sinn gehabt?
Warum ist das Leben nur so ungerecht zu mir?

Diese Fragen schossen wie Giftpfeile durch meinen Kopf. Es war unerträglich, und ich dachte, dass mein Leben jetzt vorbei sei. Was sollte das denn noch für ein Leben für mich sein? Ich hatte meine Tochter nicht beschützen, würde sie niemals lachen hören können. Es war nichts mehr in mir, bloß ein schwarzes Loch. Etwas in mir war unwiderruflich zerbrochen.

Ganz unerwartet verspürte ich an einem Tag plötzlich den Drang, wieder zu schreiben. Es war schon lange her, seit ich dies das letzte Mal getan hatte. Ich fing an, Gedichte zu verfassen und merkte, dass mir das Heilung verschaffte.
Wochen später trat ich auf Poetry Slams auf. Ich schrieb ein Gedicht über Emily, trug es vor Publikum vor. Es fühlte sich wie eine Befreiung an. Es tat meiner geschundenen Seele gut.
Dann eines Tages, als ich zusammen mit meiner Schwester zum Grab meiner Tochter fuhr, um ihr frische Blumen zu bringen, schlief ich einen kurzen Moment während der Fahrt ein. Ich sah eine große Hand, die aus dem Himmel herausragte. Eine Stimme sprach zu mir: "Ich bringe dir eine Nachricht von deinem Kind." Die Hand überreichte mir ein Zepter mit einem Herz darauf. Ich öffnete ruckartig die Augen. In diesem Moment wusste ich: Emily will mir sagen, dass es ihr gut geht, dass sie mich immer lieben wird. Mein Herz fühlte sich wieder wärmer an, schlug gleichmäßiger. Frieden kehrte ein. Ich wusste, das war kein Traum, sondern eine Erscheinung. Meine Tochter hatte mir eine Botschaft aus dem Himmel geschickt.

Ein Jahr später brachte ich eine gesunde Tochter zur Welt. Meine Emilia. Sie macht mich jeden Tag so unsagbar glücklich. Sie ist mein Leben, mein ganzer Stolz. Heute ist Emilia schon vier Jahre alt, und ich erzähle ihr immer wieder von ihrer großen Schwester Emily, die oben im Himmel ist und ihre kleine Schwester beschützt.

**Dies ist meine eigene Geschichte. Es ist damals die schlimmste Zeit in meinem Leben gewesen. Natürlich ist es mir schwer gefallen, alles aufzuschreiben, doch ich habe das gemusst. Ich wollte anderen betroffenen Frauen Mut machen. Sie sollen nach dem Tod ihres Kindes nicht denken, das Leben sei vorbei. Sie sollen wissen, dass sie es schaffen werden, dass sie erneut ein Kind bekommen können und dass ihr verstorbenes Kind immer bei ihnen sein wird. Sternenkinder werden sie genannt. Sie wachen als Engel über uns, dessen bin ich mir ganz sicher.*

Zwänge

Ich betätige den Lichtschalter dreimal. An, aus, an, aus. An. Ich gehe ins Bad, seife meine Hände ein, ganze vierzig Sekunden. Ich zähle natürlich mit. Dann spüle ich sie sorgfältig ab und trockne sie an meinem weißen Handtuch mit der bestickten Rose darauf ab. Anschließend greife ich zum Desinfektionsmittel, das direkt neben der Seife steht und benetze meine Hände ausgiebig damit. Jeden Winkel, jedes noch so kleine Stück meines Nagels, den Fingerknöchel und den Handrücken bedecke ich mit der Flüssigkeit, die mir einen kleinen Teil meiner Angst nimmt, jedenfalls für die ersten dreißig Minuten. Erst jetzt kann ich das Badezimmer mit einem vorläufig befriedigten Gefühl verlassen.

„Anja, komm runter, es gibt gleich Mittagessen!", höre ich meine Mutter nach mir rufen. Schnurstracks betrete ich die Treppe, nehme aber immer nur die zweite Stufe und achte darauf, dass ich erst den linken und dann den rechten Fuß benutze. Rechts ist positiv und kommt zum Schluss. Schließlich nehme ich wie gewohnt am Kopf des Tisches Platz und beobachte, wie meine Mutter gerade mit einem Pfannenheber die Bratkartoffeln in der Bratpfanne wendet. „Hallo, Mama!" Ich nicke ihr ruhig zu und setze ein Lächeln auf.
Sogleich blickt sie auf und schenkt mir ein gewohnt warmes Lächeln zurück. „Das Essen ist jeden Moment fertig, mein Schatz." Ich nicke erneut, lasse Mama weiter an der Bratpfanne hantieren, ziehe mein Smartphone aus der Tasche und entdecke eine SMS vom Jobcenter. Ein Termin zum Beratungsgespräch steht nächste Woche Dienstag an. Nach meinem abgebrochenen Praktikum in einer Gärtnerei habe ich es leider noch immer nicht geschafft, einen geeigneten Ausbildungsplatz für mich zu finden. Es ist mir schwer gefallen, in eine Schublade zu passen, selbstsicher aufzutreten, denn ich besitze zu meinem Bedauern einfach zu viele Phobien. Ich habe es in der Gärtnerei beispielweise nicht geschafft, mit meinen Händen in Erde zu buddeln, obwohl ich Handschuhe getragen habe. Alle anderen Aufgaben, die man mir aufgetragen hat, wie Blumen wässern, Blumen tauchen oder Blumenabfälle wegfegen, dafür habe ich der Meinung meiner Chefin nach viel zu lange gebraucht. Es ist eine Qual für mich gewesen, denn auf ihren gemusterten Schwarz-Weiß-Fliesen habe ich auf keinen Fall die schwarzen Felder berühren dürfen und

konnte bloß auf den weißen laufen. Das alles hat natürlich keinen guten Eindruck gemacht, denn normal ist das nicht.
„Hallo, mein Schatz!“ Die tiefe Stimme meines Vaters reißt mich aus meinen Gedanken. Ich blicke zu ihm auf, er steht an den Türrahmen gelehnt, eine Hand in die Hosentasche seiner schwarzen Jeans, die andere umklammert den Aktenkoffer, den er stets mit zur Arbeit nimmt.
„Hi Paps!“, sage ich.
In diesem Moment stellt meine Mutter die dampfenden Teller mit den Kartoffeln und Eiern auf dem Tisch ab, nähert sich Papa und gibt ihm einen sanften Kuss. „Setz dich, Markus. Essen ist fertig.“ Paps nimmt eine Hand aus der Hosentasche, streicht mit zwei Fingern seinen Schnäuzer glatt und lässt sich auf dem Stuhl am anderen Ende des Tisches nieder.
Er arbeitet in einem kleinen Reisebüro, direkt um die Ecke. So kann er seine Mittagspause stets zu Hause verbringen.
Verhalten stochere ich mit der Gabel auf meinen Teller herum und höre bloß mit einem halben Ohr zu, wie Papa sich mit Mama über seinen heutigen Arbeitstag unterhält. Bedacht schneide ich nun mit dem Messer möglichst gleichgroße Stücke vom Spiegelei, schiebe diese mit der Gabel zum äußeren Tellerrand und fange dann an, meine Bratkartoffeln parallel zu dem Ei zu schieben. Anschließend stecke ich mir eine Gabel Bratkartoffeln in den Mund.
„Und wie sieht es bei dir aus, Anja?“
Ich zucke zusammen, schlucke das halb gekaute Stückchen Kartoffel herunter und sehe ihn mit sich wehrendem Magen an.

„Was hast du denn da schon wieder für ein Spektakel mit deinem Essen angestellt?“ Verärgert blitzt er mich an. Sein Schnäuzer zuckt dabei.
Beschämt blicke ich zu Boden und beiße mir auf die Unterlippe, bis ich Blut schmecke.
„Und lass gefälligst endlich deine Lippen in Ruhe. Die sind schon wieder ganz wund und angeknabbert“, wettert Papa mit lauter Stimme.
„Markus!“, meldet sich nun Mama zu Wort.
„Gabi, hör auf, die Augen davor zu verschließen! Sie ist lange kein Kleinkind mehr. Diese komischen Marotten mit den Mahlzeiten oder dem Treppensteigen sind doch nicht normal.“
Ich spüre Mamas Hand an meinem Kopf. Sie streicht mir sanft übers Haar. Ich schaue zu ihr auf, sehe in ihre warmen, verständnisvollen Augen. Sie hat mich stets vor Papas Kritik verteidigt, obwohl ich meinen Vater natürlich auch verstehen kann. Er macht sich bloß Sorgen um mich, will, dass ich „normal“ bin.
„Anja, Spatz! Gibt es was Neues bezüglich Praktikum?“ Interessiert zieht Mama die Stirn kraus, lässt von mir ab und lehnt sich in ihrem Stuhl zurück.
„Nun, ich habe nächste Woche ein Berufs-Beratungsgespräch“, bringe ich gequält hervor und schaue in die dunklen Augen meines Vaters. Sie wirken wie gewohnt skeptisch, und ich ahne, dass alles höchstwahrscheinlich wieder in einer langen Diskussion endet.
„Ich kann dir nur sagen, reiß dich dieses Mal zusammen. Du brauchst eine Arbeit, mit der du dein Geld verdienst. Jetzt bist

du neunzehn Jahre und musst langsam lernen, auf eigenen Beinen zu stehen. Und vor allem: Du musst aufhören mit all dem Firlefanz und erwachsen werden."
Wortlos nicke ich, lasse ab von meiner Gabel und blicke weiterhin in die strenge Miene meines Vaters.

Niedergeschlagen verlasse ich das Büro meiner Berufsberaterin. In einer Hand halte ich den leicht zerknüllten Zettel, worauf ihr Vorschlag für mich steht. Mein neuer Praktikumsplatz. Diesmal ist es ein Blumengeschäft, keine zwanzig Fußminuten von meinem Zuhause entfernt. Es ist ein kleiner Familienbetrieb, wie mir erzählt worden ist. Meine Beraterin ist sogar so frei gewesen und hat bereits für morgen einen Schnuppertag für mich organisiert. Der Inhaber von Blumen Mistel und seine Frau freuen sich bereits darauf, mich kennenzulernen. Diese Worte habe ich durch den Hörer gehört, so laut ist das Organ von Herrn Mistel gewesen. Diese erhorchten Worte klangen durchweg sympathisch, freundlich, unkompliziert. Im Grunde ist das doch alles etwas Gutes, oder? Warum nur fühle ich mich so schlecht? Warum verspüre ich Herzklopfen und Angst? Ich atme tief durch und verlasse das Gebäude der Agentur für Arbeit. Draußen weht mir der kühle Wind um die Nase. Ich blicke hinauf zum wolkenbehangenen Himmel und spüre einen Regentropfen auf meiner Nase. Rasch stopfe ich den Zettel in meinem Rucksack und trotte zur Bushaltestelle. Dort bemerke ich, dass mein Bus bereits an seiner Haltestelle steht. Ein Blick auf meine Uhr verrät mir, dass er in zwei Minuten abfährt. Nervös spähe ich hinein und kann unschwer erkennen, dass es im Innern sehr überfüllt ist. Überwiegend Schulkinder haben sich auf die Plätze gehockt, albern miteinander rum oder tippen irgendetwas in ihrem Handy ein. Einige Männer und Frauen haben schon ihren Stehplatz eingenommen. Ich schlucke schwer, meine Kehle wird ganz eng.

Ich kann da nicht rein! Es sind zu viele Leute! Unmöglich kann ich mich da reinquetschen ...

Schon allein die Vorstellung, mit so vielen Menschen in einem Raum sein zu müssen, dieselbe stickige Luft einzuatmen, bereitet mir Magenkrämpfe und Panik. Von jeher habe ich es bevorzugt, so wenig wie möglich Menschen in meinem Umfeld zu haben. Als mein Bruder Heiko noch gelebt hat, ist alles einfacher für mich gewesen. Er war ein Jahr jünger als ich, und wir sind fast überall zusammen gewesen. Die Mobberei in der Schule habe ich nur dank ihm durchstehen können. Die Gewissheit, dass wir unsere Pausen auf dem Schulhof zusammen verbringen, hat mir Halt und Kraft gegeben. Sein Tod vor fünf Jahren hat mich in ein tiefes schwarzes Loch fallen lassen. Ein Teil von mir war gestorben. Heiko ist stets gut gelaunt und ausgeglichen gewesen. Immer hat er einen witzigen Spruch auf den Lippen gehabt. Die Erinnerungen an ihn schmerzen immer noch so sehr, als ob mir jemand eine Klinge in die Brust stechen würde.

Wieso nur hat er beim Überqueren der Straße nicht aufpassen können?

Warum nur hat dieser beschissene Autofahrer nicht rechtzeitig bremsen können?

Seitdem ist mein Leben in tausend Splitter zersprungen. Seitdem hat das angefangen mit meinen vielen Zwängen und Phobien. Ich habe mich plötzlich schutzlos und zerbrechlich ohne Heiko gefühlt. Mein Kopf hat wie von selbst alle diese Regeln für mich bestimmt. Eine Stimme, die sagt: „Gehe nur auf die weißen Kacheln, dann wird dir nichts Schlimmes geschehen. Die schwarzen Kacheln bedeuten Tod und Verderben." Oder: „Wenn du dir nicht gründlich genug die Hände desinfizierst, dann wirst du sehr krank." – „Gehe nur diesen Weg entlang, wie du es gewohnt bist."

Mein Verstand hat mir irgendwann nicht mehr erlaubt, auch nur die kleinste Veränderung zuzulassen. Veränderung empfinde ich als beängstigend. Was, wenn dann etwas Schreckliches passiert? Was, wenn ich noch jemandem verliere, wie zum Beispiel meinen Vater? Ich bin irgendwann gegen diese Angst nicht mehr angekommen und habe meinem Kopf, der die Regeln macht, gehorcht, bin der Angst gefolgt, die mich seit dem Tag , an dem mein Bruder gestorben ist, geleitet hat. Mit meinen Eltern habe ich nie über meine Probleme gesprochen. Ich schäme mich zu sehr. Mama und Papa reden auch nie über Heiko. Ich weiß, dass von diesem Tag an etwas in ihnen zerbrochen ist. Dennoch haben sie es vorgezogen, zu schweigen. Also habe ich es auch so gehandhabt.

Ich lasse den überfüllten Bus abfahren und laufe ein Stück bis zur nächsten Haltestelle. Genug Zeit habe ich ja jetzt. Mein nächster Bus kommt erst in zwanzig Minuten. Mittlerweile ist der Regen stärker geworden und durchnässt mein Haar.

Beim Betreten des Asphalts meide ich wie immer die Steine, die mir dunkler erscheinen, und laufe nur auf denen, die ein helleres Grau aufweisen. Es ist mir in diesem Moment egal, wie das aussieht und ob mich jemand dabei beobachtet. Das Wichtigste ist mir, dass ich alles richtig mache.

Völlig aufgelöst verlasse ich am nächsten Abend Blumen Mistel. Es ist überhaupt ein schwerer innerer Kampf gewesen, diesen Probe-Tag in diesem Geschäft anzutreten, den Panikattacken, die mich befallen haben, standzuhalten. Veränderungen sind nichts anderes als eine Qual für mich. Doch ich habe gewollt, dass meine Eltern halbwegs zufrieden mit mir sind und vor allem habe ich eine Zukunft für mich gewollt. Doch es hat dort zu viele Eindrücke, zu viele Menschen gegeben. Da ich mich, so gut es ging, stets isoliert habe, bin ich diese Menschenscharen, die mit einem Male das Geschäft betreten haben, nicht gewohnt gewesen. Die Kunden haben Blumensträuße gekauft, sodass Frau Mistel wie am Fließband Blumen zusammengesteckt und zusammengebunden hat, wie auch Grabgestecke für das bevorstehende Allerheiligen. Die meiste Zeit habe ich mich im Badezimmer eingesperrt, da ich kaum Luft gekriegt habe. Obwohl Herr und Frau Mistel anfangs freundlich zu mir gewesen sind, habe ich am Ende des Tages natürlich eine Absage für den Praktikumsplatz erteilt bekommen.

Gebeutelt mache ich mich auf den Rückweg nach Hause und zerbreche mir den Kopf, wie ich es Mama und Papa beibringen soll.

Ich bin eine Versagerin! Eine gestörte Kuh! Niemals werde ich ein normales Leben führen können. Tränen kullern mir die Wangen herunter. Ich beschleunige meinen Gang. Unmöglich werde ich meinen Eltern die Wahrheit sagen können und damit ihr Herz brechen. Ich atme tief durch und wische mir mit dem Ärmel meiner Jacke die Tränen aus dem Gesicht. Es ist bereits dunkel und bitterkalt. Kein Stern ist am Himmel zu sehen. Fröstelnd folge ich der Beleuchtung der Straßenlaternen, die mich endlich zu unserem Haus führt.

Leise schließe ich die Tür auf. Im Flur erspähe ich bereits meine Mutter, die mir einen neugierigen Blick zuwirft. „Hallo, Liebes! Da bist du ja endlich. Komm!“ Mamas Gesicht erhellt sich. Enthusiastisch winkt sie mich in die Küche.

Eilig streife ich mir die Stiefel von den Füßen und lasse sie ploppend zu Boden fallen, hänge meine Jacke an den Mantelstock und folge ihr. Der Tisch ist bereits gedeckt, und es duftet nach Gulasch.

Mein Vater sitzt vor seinem Teller und schiebt sich eine Gabel Fleisch in den Mund. „Hallo, Anja! Na, wie ist es gelaufen?“, will er kauend von mir wissen.

„Ganz gut, würde ich sagen“, lüge ich.

„Setz dich, mein Schatz!“ Mama stellt mir eine Portion Essen hin, nachdem ich Platz genommen habe. Doch ich bekomme jetzt definitiv keinen Bissen runter.

„Ich habe schon etwas auf dem Rückweg gegessen, Mama!“, sage ich und schiebe schnell den dampfenden Teller beiseite, denn ich verspüre Übelkeit.

„Ist gut, Schatz.“ Mama setzt sich neben mich und streichelt mir mit den Fingerspitzen durch meine Locken.
„Also hast du den Praktikumsplatz bekommen?“ Papa zieht eine Augenbraue nach oben.
„Ja“, erwidere ich nüchtern.
„Wann fängst du an?“
„Morgen.“
„Toll, Spätzchen. Diesmal wird es was mit der Ausbildung. Du wirst sehen“, flötet meine Mutter mir entgegen. Ich nicke bloß beklommen und erhebe mich.
„Wo willst du denn hin?“, fragt sie.
„Ins Bett. Ich bin müde. Gute Nacht.“
„Gute Nacht“, sagen meine Eltern im Chor und lassen mich ziehen.

Abgekämpft lasse ich mich auf mein Bett fallen und seufze voller Kummer in mich hinein. „Was mache ich denn jetzt bloß?“
Ich schnaube und schüttle den Kopf.
Soll ich etwa jetzt jedes Mal so tun, als würde ich zu meiner Praktikumsstelle fahren und den übrigen Tag sonst wo verbringen? Ich habe ja noch nicht einmal Freunde, wohin ich gehen könnte. Wer will schon mit einer Spinnerin wie mir etwas zu tun haben? Heiko ist der Einzige gewesen, der mich verstanden hat.
Ich greife zu meinem kleinen Kuschelkissen, das in der hintersten Ecke meines Bettes liegt, und drücke es mir mit beiden Händen fest gegen den Bauch.
Ich werde nie ein normales Leben führen können!

So gern möchte ich auch einen Freund haben, wie einige meiner ehemaligen Schulkameradinnen das haben. Auf dem Schulhof habe ich sie immer gesehen, wie sie Händchenhaltend mit ihren Boyfriends herumscharwenzelt sind. Ich bin nicht nur Jungfrau, sondern auch noch ungeküsst ... Zugegeben: Ich habe eine wahnsinnige Angst, neue Menschen in mein Leben zu lassen. Am Ende wird man ja doch früher oder später verlassen ... Stets habe ich es für das Beste gehalten, in meinem Kokon zu leben. Da kann mich niemand verletzen, da bin ich sicher. Die geregelten Abläufe, meine Rituale verschaffen mir Sicherheit, doch gleichzeitig machen sie ein normales Leben, welches ich schon eine ganze Weile anstrebe, unmöglich.

„Wem mache ich hier eigentlich etwas vor?"

Ruckartig setze ich mich auf, springe aus dem Bett, steuere das Fenster an und blicke in das Schwarz der sich anbahnenden Nacht. „Ich werde nie frei sein können. Dieses verdammte Gefängnis, diesen Teufelskreis, habe ich selbst erschaffen. Ich kann so nicht mehr weiterleben." Erst jetzt wird mir klar, wie sehr und wie lange mich das alles schon belastet hat. Immer und immer wieder habe ich es gekonnt verdrängt, doch ich habe nie so sein wollen, wie ich jetzt bin. Mein Leben ist von Ängsten und Zwängen bestimmt. Ich bin die Sklavin meiner Angst.

In der nächsten Stunde weine ich in mein Kissen. Doch dann habe ich einen Entschluss gefasst: Ich werde verschwinden.

Als es Nacht wird und meine Eltern sich endlich schlafen legen, verlasse ich so leise wie möglich mein Zimmer, schlüpfe rasch in

Schuhe, ziehe mir die Jacke über und schließe so geräuschlos wie möglich die Tür hinter mir zu.

Der eisige Wind umgibt mich wie ein Schleier, und der Atem kondensiert vor meinem Gesicht. Immer weiter laufe ich geradeaus, Richtung Bahnhof. Dort treibt sich bestimmt genug kriminelles Gesocks herum. Da ich für Selbstmord zu feige bin, beschließe ich, am Bahnhof zu warten, bis mir eventuell irgendein Straftäter oder zukünftiger Straftäter etwas antut. Das ist jedenfalls die einzige Möglichkeit für mich, aus diesem beschissenen Leben zu scheiden. Es ist eine Fantasie, die, wie ich hoffe, Realität werden wird. Zig Fälle, die so geendet sind, kenne ich jedenfalls aus Aktenzeichen XY Ungelöst.

Schnurstracks laufe ich die Treppen empor, die zum Bahnhof führen. Redeschwalle in den unterschiedlichsten Sprachen streifen meine Ohren. Meine Kehle wird immer enger, das Herz schlägt mir bis zum Hals.

Oben erblicke ich im Laternenschein die unterschiedlichen Bahnsteige, erkenne eine große schwarze Uhr, die mir verrät, dass es in zehn Minuten 1 Uhr nachts ist. Ich sehe die Anzeigetafeln in leuchtend roter Schrift, die auf die Abfahrtzeiten aufmerksam machen. Männer stehen mit Dosenbier auf einem der Steige. Ich höre, dass sie sich in einer anderen Sprache unterhalten. Doch ich kann nicht genau ausmachen, in welcher. Einer von ihnen rülpst ganz laut. Ein anderer lacht. Etwas weiter abseits steht eine Frau mit einem Mann. Dieser trägt einen großen Schlapphut. Dann erspähe ich weitere Männer. Sie kommen die Treppen hinauf. Ich bilde mir ein, dass das Augenmerk eines

dieser Typen direkt auf mich gerichtet ist. Ich zucke zusammen und laufe ein Stück bis zur nächsten Haltestelle, stelle mich direkt in das Licht, um noch besser gesehen zu werden. Nicht nur vor Kälte, sondern auch vor Angst schlottern mir die Knie.
„Hey, Schätzchen!“, höre ich plötzlich.
Wie erstarrt bin ich, traue mich nicht aufzublicken, sondern fixiere nach wie vor den Boden, zähle die roten Pflastersteine. Dann unterhält der Typ sich mit irgendjemandem. Beide laufen weiter, denn ihre Stimmen klingen mehr und mehr entfernt.
Ich liebe euch, Mama und Papa! Bitte vergebt mir, sage ich in Gedanken. Da ich nicht mit Sicherheit sagen kann, ob ich heute Nacht wirklich sterben werde, habe ich ihnen natürlich keinen Abschiedsbrief hinterlassen. Vielleicht würde ich bloß ins Krankenhaus kommen oder es würde gar nichts passieren. Eines ist gewiss: Dies ist ein dämlicher und verrückter Plan. Für alles im Leben bin ich zu blöd, selbst für den Selbstmord, spottet es in mir.

So vergehen die Stunden, und ich gehe auf und ab, da ich immer mehr anfange zu frieren. Ich sehe Züge ankommen, Leute steigen ein und aus, doch noch immer ist bis auf ein paar neugierige Blicke nichts passiert. Die Bahnhofsuhr zeigt mittlerweile 3:10 Uhr morgens an. Ich bin müde, so verdammt müde. Noch gebe ich nicht auf. Auf der Bank zu sitzen ist keine Option. Zum Erfrieren ist es nicht kalt genug, und wer weiß, ob etwas passieren würde, wenn ich penne.

4:21 Uhr. Immer noch nichts. Seit etwa zehn Minuten spüre ich den Blick einer Frau auf mir. Sie steht auf dem gegenüberliegenden Steig. Ihr Alter lässt sich aufgrund der Entfernung und der Halbdunkelheit nicht ausmachen. Ich stopfe beide Hände in die Jackentaschen, blicke zum Himmel hinauf, an dem ich ein paar Sterne erkennen kann, denn einige Wolken sind vorbeigezogen. Plötzlich lässt mich eine Stimme zusammenzucken.

„Mein Kind, was machst du hier im Dunkeln auf einem Bahnhof, ganz allein?“

Ich schaue dorthin, woher die Stimme gekommen ist. Die Frau von vorhin steht direkt vor mir. Ich schätze sie so auf Mitte vierzig. Ihre Augen glitzern im Licht der Bahnsteigbeleuchtung. Ich erkenne Güte und Sorge darin.

Dann sagt sie: „Ich glaube, du brauchst einfach nur eine Umarmung.“

Sie schlingt beide Arme um mich, und ich lasse es einfach geschehen.

„Ist ja gut“, murmelt sie.

Und mir ist, als ob sich urplötzlich ein Knoten in mir löst. Ich fange an zu schluchzen, erwidere schließlich die Umarmung und weine. Mit zitterndem Körper heule ich wie ein Schlosshund und merke, dass der Griff der Fremden um mich fester, irgendwie schützender wird.

„Alles wird gut“, flüstert sie mir mit ruhiger Stimme zu, und ich fühle, dass sie recht hat.

*Diese Geschichte beruht auf einer wahren Begebenheit. Die Namen und sämtliche Details wurden verändert. Manchmal brauchen wir Menschen einfach bloß eine Umarmung, jemand der uns Mut macht, uns sagt, dass alles wieder gut wird. Plötzlich können wir daran glauben.
Anja hat nach dieser Begegnung mit der fremden Frau ihr gesamtes Leben umgekrempelt. Endlich hat sie den Schritt gewagt, mit ihren Eltern über ihre Zwangsneurosen zu sprechen und hat sich daraufhin in Therapie begeben. Heute ist sie nach einer erfolgreichen Berufsausbildung glücklich verheiratet. Anjas Geschichte zeigt uns Folgendes: Nur wenn wir glauben und dementsprechend handeln, können wir etwas bewirken.

Der Mann im Spiegel

Ich schlug die Wagentür zu und blickte auf das große Anwesen meiner Tante.
Eine halbe Ewigkeit war ich nicht mehr hier bei ihr in Oberdorf gewesen. Es hatte sich in all der Zeit kaum etwas verändert. Im Garten tummelten sich die prachtvollsten Wildblumen. Im Gartenteich sah ich schon von weitem, wie die unterschiedlich gemusterten Kois ihre Bahnen schwammen. Tante Frieda besaß ein Haus mit roten Dachziegeln und einem hölzernen Balkon mit Geranien in den Blumenkästen. „Da wären wir, mein Kind", hörte ich meine Tante sagen, dann spürte ich eine Hand auf meiner Schulter. „Ich freue mich, dass du endlich da bist, und ich entschuldige mich nochmal bei dir dafür, dass du so lange am Bahnhof auf mich warten musstest. Der Verkehr um diese Uhrzeit ist einfach mörderisch."
Ich wandte meinen Blick vom Haus ab und sah in ihre tiefblauen Augen, die aufrichtige Freude ausstrahlten. Tante Frieda war der ehrlichste Mensch, den ich kannte. Es fiel mir durchaus leichter, ihr zu vertrauen als meinen Eltern, die mich belogen und zuletzt in eine Nervenheilanstalt gesteckt hatten. Schon mit fünfzehn Jahren hatte ich an Depressionen gelitten, hatte mich im Laufe der Zeit mit Papas Rasierklingen geritzt. Borderline hatte es mein behandelnder Arzt genannt. Viel zu lange hatten meine Eltern mich schlichtweg ignoriert, mich nie nach meinem Schultag gefragt. Erst als ich die Abschlussklasse wiederholen musste, waren sie hellhörig geworden. Dann waren ihnen auf einmal die

Wunden an meinen Armen aufgefallen, die ich stets gut unter Blusen und Pullis versteckt hatte.

„Komm, ich mach uns erstmal einen Eistee", beschloss Tante Frieda und ging mit mir zusammen ins Haus. Es waren Osterferien. Ich sollte bei meiner Tante etwas Abstand von dem Vergangenen finden und für mein Abi lernen. Ich streifte meine Sandaletten von den Füßen und lief barfuß den langen Flur entlang. Tante Frieda lebte da seit dem Tod von Onkel Werner vor zwei Jahren ganz allein. Ich betrat die Küche, die sich in all der Zeit auch nicht verändert zu haben schien. Buntbemalte Teller mit Blumenmustern hingen an den Wänden. Ein großer Holztisch mit rotbestickter Tischdecke stand vor einer rustikalen, alten Eckbank, die mit weißem Sitzkissen belegt war. Auch die übrigen Schränke waren in diesem Holz gehalten und verliehen der Küche diesen einzigartig urig-bayrischen Charakter.

„Hier, Liebes!" Tante Frieda stellte ein Glas Eistee vor mir auf dem Tisch ab. Dann setzte sie sich ebenfalls zu mir auf die Bank und nahm einen kräftigen Schluck aus ihrem Glas. „Du bist die ganze Zeit über so still gewesen, mein Kind. Nun erzähl doch mal, wie war die Hinfahrt?" Sie schenkte mir ein warmes Lächeln und fuhr sich mit einer Hand an ihren langen, grauen, geflochtenen Zopf, der über ihre Schulter baumelte.

„Es war sehr stickig, aber wenigstens hatte ich mein eigenes Abteil und hab die meiste Zeit Musik gehört", verriet ich und nahm auch einen großen Schluck meiner Erfrischung. Bisher vermied es meine Tante, das Thema Psychiatrie anzuschneiden. Ich war gespannt, wie lange sie das durchziehen wollte. Tante Frieda war viel zu sehr Glucke und Freundin in einem, als dass sie mit mir nicht über meine Probleme sprechen würde, kam es mir in den Sinn. Ich meinte, sogar hin und wieder Unsicherheit in ihrer Stimme zu hören. Wir unterhielten uns über die Schule und sprachen über alte Zeiten, als ich noch mit Onkel Werner im Garten herumgetollt war.

„So, ich zeig dir jetzt dein Zimmer. Aus Onkel Werners altem Hobby-Raum ist jetzt ein Gästezimmer geworden."

Schnurstracks holte ich mein Gepäck aus dem Kofferraum und lief hinter meiner Tante die schmale Wendeltreppe hinauf.

Stolz präsentierte sie mir mein zukünftiges Reich. Ein kleines Bett stand am Fenster. Auf der Fensterbank stand ein kleines Wetterhäuschen mit einer Sonnenfrau und einem Regenmann drin. Holzschrank und ein Stuhl sowie ein Tischlein waren zur Rechten aufgebaut. Ein langfloriger, beiger Teppichläufer erstreckte sich am Ausgangsbereich. Noch einmal ließ ich meinen Blick durch den Raum schweifen. Erst da fiel mir der große weiße Spiegel mit den vielen Verschnörkelungen auf, der an der Wand nahe dem Bett hing. Er war edel und passte nicht wirklich zum ländlichen Ambiente.

„Dieser Spiegel war ein Geschenk meiner Nachbarin zum Dank dafür, dass ich ihr beim Umzug geholfen hatte", verriet Tante Frieda, der wohl mein langer Blick auf dieses außergewöhnliche Stück nicht verborgen geblieben war.

„Sehr schön, nicht wahr?" Sie schmunzelte.

Ich trat näher an den Spiegel heran, strich mit den Fingerspitzen den hölzernen Rahmen entlang. Eine Wärme fuhr mir mit einem

Mal durch meinen gesamten Körper, überall begann es zu kribbeln. Ich fühlte mich in diesem Augenblick so lebendig und glücklich wie schon lange nicht mehr. „Puh!“, entfuhr es mir.

„Alles in Ordnung?“ Meine Tante legte eine Hand auf meine Schulter und drehte mich in ihre Richtung.

Ich ließ ab vom Spiegel und schaute auf ihre krausgezogene Stirn. Ihre Augen wurden schmal.

„Ja, alles bestens. Ich bin bloß müde von der langen Fahrt.“

„Aber natürlich, mein Schatz. Ruh dich etwas aus. Ich rufe dich später, wenn es Abendbrot gibt.“

Ich nickte nur und beobachtete meine Tante, wie sie langsam das Zimmer verließ. Gedankenverloren ging ich zurück zum Spiegel. Irgendwie komisch, dachte ich. Er übte eine Faszination und Anziehung auf mich aus, wie ich es zuvor noch nie erlebt hatte. Ich schaute in ihn hinein, betrachtete eingehend mein Spiegelbild. Ein langes, blasses Gesicht mit grünen Augen, schmale Lippen und schulterlanges, kastanienbraunes Haar starrten mich an. Ich konnte meinen Anblick nicht allzu gut leiden, denn wir, mein Gesicht und ich, waren im Grunde Feinde. Seit Thomas Schubert, mein ehemaliger Klassenkamerad, mich als hässliches Frettchen beschimpft hatte, mochte ich mein Aussehen nicht mehr. Einige Mädchen hatten es ihm gleichgetan, und so wurde ich bloß noch Frettchen von ihnen genannt. Auch wenn das mittlerweile vier Jahre her war, tat es noch immer weh. Diese Beschimpfungen hatten sich tief in meiner Seele verankert. Ich würde sie wahrscheinlich mein Leben lang nicht loswerden. Es war, als ob ich gezeichnet von ihnen wäre, wie von einem Fluch oder so etwas. Denn immer, wenn ich aus der Entfernung einen Jungen meiner Parallelklasse angehimmelt hatte, hatte ihn am Ende doch eines der beliebten Mädchen bekommen. Das Frettchen hatte keine Chance und war zudem auch noch viel zu schüchtern.

„Wie ein Frettchen siehst du wirklich nicht aus", ertönte urplötzlich eine männliche Stimme. Vor Schreck fuhr ich zusammen.

„Wie bitte?"

Ruckartig drehte ich mich um. Im Zimmer war niemand zu sehen. Tante Frieda hätte mir bestimmt mitgeteilt, wenn wir Besuch hätten. Außerdem hätte der sich sicher nicht unbemerkt in mein Zimmer einschleichen können. Und überhaupt: zu welchem Zweck?

Irritiert schüttelte ich den Kopf.

Ich sollte wirklich ein bisschen schlafen. Wahrscheinlich war das zu viel Stress, die ganze lange Fahrt von Düsseldorf nach Bayern und so ...

Sogleich schmiss ich mich aufs Bett und versank nur wenige Minuten darauf in einen tiefen Schlaf.

Ich stehe auf dem Schulhof. Sarah, Anita, Svenja und Lydia haben einen Kreis um mich gebildet. Sie alle blicken mich irgendwie hämisch an.

„Hey, Frettchen, hast du wirklich geglaubt, dass Mike Schönfeld dich hübsch findet?", geifert Sarah, verschränkt die Arme vor der Brust und fängt schallend an zu lachen. „Ich hab doch gesehen, wie du ihn im Unterricht immerzu wie ein Kalb angeglotzt hast."

Wieder lacht Sarah lauthals, fährt sich mit einer Hand in ihre langen blonden Haare, die ihr bis zum Po gehen, und wirft mir dann einen verachtenden Blick zu, so als wäre ich eine Spinne, vor der sie sich ekelt.

Die übrigen Mädchen schließen sich ihrem Oberhaupt, dem beliebtesten Mädchen der Schule, an. Ein Gackern und Schnauben ist nun zu hören. Jeder dieser Lacher ist wie ein Giftpfeil, der auf mein Herz abgefeuert wird.

„Er steht natürlich auf hübsche Mädchen wie mich", fügt sie spitz hinzu.

Aus dem Hintergrund ist Stimmgewirr von Schülern zu hören. Wahrscheinlich werden wir von ihnen beobachtet. Bestimmt geht es jedem einzelnen von ihnen besser als mir, denke ich und spüre einen Regentropfen auf der Nasenspitze. Sicherlich wird keiner weit und breit so sehr gemobbt, so scheint es mir zumindest. Es ist kalt und windig, doch ich trage wie so oft außer einem dicken Pulli keine Jacke an diesem Novembertag. Kälte ist mir schon lange egal geworden. Wenn ich krank werden würde, wäre es zudem ein Segen, denn dann müsste ich keinen weiteren dieser scheußlichen Schultage mehr ertragen, keine Demütigungen, keine Beleidigungen.

Schließlich schubst mich Lydia, so dass ich auf den Po zu Boden plumpse.

„Kommt, Mädels, lasst das Frettchen auf dem Boden sitzen, denn da gehört es auch hin."

Ein tiefer, brennender Schmerz durchzuckt mich. Ich kämpfe gegen die sich anbahnenden Tränen an, doch verliere.

„Oh, jetzt heult sie“, höre ich irgendeinen Jungen schadenfroh ausrufen.
Du musst aufstehen, ertönt es in mir. Also überwinde ich mich, renne, so schnell ich nur kann, an einer Meute neugieriger Gaffer vorbei ins Schulgebäude und rette mich schließlich auf das Mädchenklo. Ich schaue mein verheultes Gesicht im Spiegel an, drehe den Wasserhahn auf und wasche mein Gesicht mit beiden Händen. Dann schließe ich mich in eine der Toilettenkabinen ein, setze mich auf dem Klodeckel und ziehe mir aus der Seitentasche meines Pullis die Rasierklinge heraus, die ich Papa geklaut habe. Einen Moment betrachte ich die Klinge, sehe, wie das Licht der Deckenleuchten sich darin spiegelt. Dann setze ich sie an meinem Arm an, drücke sie tief in meine Haut und ziehe sie entlang, bis Blut hervortritt. Dieser riesige Druck ist mit einem Mal von mir genommen, wie bei einem Ballon, aus dem die Luft entweichen kann. Das Blut tropft auf den Boden, und ich fühle mich besser. Besser, weil ich einen Schmerz spüre, den nur ich kontrollieren kann …

„Maya? Aufwachen!“, rissen mich Tante Friedas Worte aus meinem Alptraum.
Benommen setzte ich mich auf und sah in das sorgenvolle Gesicht meiner Tante. Diese saß auf der Bettkante und streichelte mir mit einer Hand sacht über die Wange. „Du hast ganz laut gestöhnt und dich hin und her gewälzt“, berichtete sie blinzelnd und schenkte mir einen mitfühlenden Blick.

Nachdenklich strich ich eine Haarsträhne hinter das Ohr zurück und stieg aus dem Bett. „Ich hab wohl irgendetwas Verrücktes geträumt, keine Ahnung mehr, was“, log ich und kratzte mir dabei den Nacken.
„Ich weiß aber, was du geträumt hast“, hörte ich abermals diese männliche Stimme. Wie ertappt zuckte ich zusammen. „Hast du das auch gerade gehört?“, fragte ich meine Tante. Unruhig atmete ich vor mich hin, meine Kehle war staubtrocken.
„Nein, Liebes. Was war denn, was meinst du genau?“
Ich stieß die Luft aus und setzte ein kurzes Lächeln auf.
„Ach, nichts. Komm, lass uns runter gehen.“

Der Küchentisch war üppig mit Braten, Brezeln, geschnittenem Brot und geräuchertem Schinken gedeckt. Es duftete appetitlich und erinnerte mich an fast vergessene Kindertage, als ich bei meinem Onkel und meiner Tante zu Besuch gewesen war. Sie hatten mich geradezu verhätschelt. Ich wusste, dass ich bei ihnen so lange aufbleiben durfte, wie ich wollte.
Ich saß meiner Tante gegenüber, knabberte an einer Laugenbrezel herum, während sie sich eine Stulle mit Butter schmierte und diese reichlich mit Schinken bedeckte. „Erinnerst du dich noch an die Wanderung zusammen mit deinem Onkel zum Freibergsee?“, fragte sie mich zwinkernd und biss in ihr Brot.
„Natürlich. Wir sind bei fast dreißig Grad den ganzen Tag gewandert. Danach hatte ich das erste Mal Muskelkater in den Beinen.“ In mich hineinlächelnd dachte ich an diesen besonderen Tag zurück. Ich war so stolz gewesen, das Ziel erreicht zu haben.

„Onkel Werner hatte immer gemeint: ‚Seine erste Wanderung vergisst man nie', und er hatte recht."

„Ach, ja! Dein Onkel war ein Wanderbursch durch und durch, mei!" Von einer auf die andere Sekunde wurden Tante Friedas Augen glasig.

Ich konnte es einfach nicht ertragen, sie so traurig zu sehen, wechselte also schnell das Thema: „Ich habe in zwei Monaten meine Abi-Prüfung und hab echt Angst, es wieder zu vergeigen."

„Ganz bestimmt nicht, Schatz! Wenn du jetzt jeden Tag fleißig lernst, schaffst du das auch!" Über den Tisch griff sie nach meiner Hand und drückte sie leicht. „Wie fühlst du dich nach der Sache mit ..., ich meine, wie war das für dich?"

„Du meinst, als ich in der Klapse war?", erwiderte ich trocken und nickte meiner Tante ruhig zu.

„Kind, sag das doch nicht so abwertend, das ist doch nun wirklich keine Schande."

Ich seufzte tief und biss in ein Schinkenbrot. „Weißt du, ich werde es Mama und Papa nie verzeihen, dass sie mich da reingesteckt haben. Ich war doch keine Gefahr für mich selbst!" Noch immer erinnerte ich mich an den abwertenden Tonfall meines Vaters, seine Worte: ‚Du bist anormal und brauchst professionelle Hilfe'. Wie verachtend er mich angesehen hatte. Warum zum Teufel hätte es nicht ausgereicht, zuerst einmal einen Termin bei einem Psychologen zu machen?

„Nimm es deinen Eltern bitte nicht übel, Maya. Sie haben sich bloß Sorgen um dich gemacht." Beschwichtigend legte Tante

Frieda eine Hand auf meine und warf mir einen verständnisvollen Blick zu.
Schweigen legte sich zwischen uns, bis sie schließlich fragte: „Gehst du denn noch regelmäßig zu einer Therapie?“
„Ja, nach meinem vierwöchigen Aufenthalt hatten meine Eltern einen Therapeuten für mich gefunden, ich habe wöchentliche Sitzungen mit ihm.“
Meine Tante nickte schnell, machte ihren Mund erneut auf, doch diesmal kam kein Ton heraus. Es stand ihr ins Gesicht geschrieben, dass sie noch mehr dazu sagen wollte, sich aber nicht traute. Wahrscheinlich wollte sie nichts bei mir aufwirbeln oder so etwas. Ich kannte meine Tante zu gut. Sie war einer der einfühlsamsten Menschen überhaupt.
„So, ich geh dann mal nach oben, ein bisschen lernen und dann schlafen“, meinte ich, beugte mich vor zu Tante Frieda und gab ihr einen Kuss auf die Wange.
„Ja, tu das, Liebes. Gute Nacht!“
„Gute Nacht.“
Eher lustlos als motiviert saß ich schließlich mit meinem Bio-Buch am Tisch und versuchte, die Merkmalsträger von Sekreten in meinen Kopf zu bekommen. Nach etwa einer Stunde unterbrach ich das Büffeln, denn mir fielen schon die Augen zu. Morgen war auch noch ein Tag.
Ich ging hinüber zu meiner Reisetasche, die noch immer unberührt stand, und kramte mein Nachtshirt heraus. Morgen würde ich meine Kleider in den Schrank sortieren. Die Zahnbürste holte ich rasch aus meinem Kulturbeutel und steuerte mit ihr

zusammen das Badezimmer an, das sich direkt nebenan befand. Nachdem ich mich anschließend frisch geduscht und mit geputzten Zähnen in mein Bett gelegt hatte, warf ich noch einen letzten Blick auf mein Handy. Vier Anrufe in Abwesenheit von meiner Mutter. Allerdings hatte ich keinen Bock zurückzurufen. Bereits vor Stunden hatte ich ihr eine Nachricht geschickt, dass ich gut bei Tante Frieda angekommen war. Das musste reichen.

Ich löschte das Licht und kuschelte mich in die Decke, die so herrlich nach Lavendel-Weichspüler duftete, ein.

„Vielleicht solltest du doch eben zurückrufen, deine Mutter macht sich immer noch Sorgen“, erklang erneut diese tiefe männliche Stimme.

Ruckartig setzte ich mich kerzengerade auf, knipste das Nachtlicht an.

„Wer hat da gesprochen?“, wollte ich mit dünner Stimme wissen und sah mich ängstlich im Raum um.

„Hier drüben, im Spiegel“, antwortete die Stimme, deutlich belustigt klingend.

Sofort erhob ich mich, ging zum Spiegel, um hineinzusehen.

Ich traute meinen Augen kaum, als ich einen dunkelhaarigen Mann darin erblickte, der mich anlächelte. Von meinem Spiegelbild gab es allerdings keine Spur mehr.

„Oh, mein Gott!“, entfuhr es mir. Meine Atmung beschleunigte sich. Ich musste eine Hand auf den Mund legen, um nicht laut loszuschreien, denn sonst würde ich meine Tante womöglich zu Tode erschrecken. Es reichte vollkommen aus, dass ich das schon war.

„Du musst keine Angst haben. Ich bin Elvis und lebe in diesem Spiegel.
„Der ..., der Elvis?“
„Nein, Quatsch! Oder sehe ich für dich etwa aus wie Elvis Presley?“ Er lachte lauthals auf.
Noch immer glaubte ich zu träumen. Das konnte bloß ein Traum sein!
Nein, er hatte gewiss bloß die Haarfarbe mit dem King gemeinsam, sonst nichts. Dieser Typ besaß kurzes, gelocktes Haar, das ihm bis zu den Ohren reichte, grüne Augen, die mich frech anblitzten, einen Drei-Tage-Bart und eine kleine Narbe, die über seinem linken Auge ragte.
Ungläubig streckte ich meine Hand nach ihm aus, langsam näherte sich mein Finger dem Spiegel. Elvis tat es mir sofort gleich, und so berührten sich unsere Finger, ohne sich wirklich berühren zu können, denn die harte Spiegelschicht trennte uns. Dies war kein Tor zu einer anderen Dimension, wie ich es anfangs vermutet hatte.
„Hindurch gehen kannst du nicht, genauso wenig wie ich herausgehen kann“, bestätigte Elvis nochmal und sah mich forschend an.
„Wie ..., wie ist das möglich? Wie, ich meine ...“
„Wie ich in diesem Spiel sein kann, meinst du?“
Ich nickte schnell, denn ich hatte meine Worte immer noch nicht ganz wiedergefunden.
„Das ist wirklich eine lange Geschichte. Nur so viel: Ich habe es mir selbst eingebrockt. Inzwischen lebe ich schon seit sieben

Jahren hier drin." Elvis ließ sich auf mein Bett oder vielmehr auf das Spiegelbild meines Bettes fallen und atmete tief durch. „Ich habe diesen einen Raum." Er drehte sich um und zeigte auf das Bett, auf den Schrank, den Tisch. „Dieser kann sich natürlich immer für mich ändern. Wenn du mich zum Beispiel zu euch in die Küche bringen würdest, wäre diese meine Umgebung. Es ist zwar bloß die Imitation eines Zimmers, ein Spiegelbild, aber es wird zu meinem Zuhause."

Auch ich ließ mich auf mein Bett plumpsen und starrte diesen Mann im Spiegel fasziniert an. *Wow, er sieht heiß aus!*

Elvis fasste sich am Nacken. „Danke für die Blumen", sagte er schelmisch grinsend.

„Was meinst du?", fragte ich mit zusammengezogenen Brauen.

„Na, dass du mich heiß findest."

Blut stieg mir in die Wangen, ich räusperte mich. „Du ..., du kannst meine Gedanken lesen?"

„Exakt."

Ach, du Scheiße! Jetzt muss ich auch noch aufpassen, was ich denke, sonst erfährt er noch Sachen über mich, die ...

Augenblicklich brach ich meinen Gedankengang ab. Meine Probleme gingen ihn nichts an.

„Ich weiß es längst, Maja. Dein letzter Traum und die danach folgenden Gedanken von vorhin waren mehr als deutlich."

Ausgezeichnet! Jetzt weiß er, dass ich gestört und kaputt bin.

Verärgert schüttelte ich den Kopf.

„Das muss dir nicht peinlich sein. Es gibt keinen Grund, sich zu schämen."

Ich schnaubte. „Ach nein? Ein typisches Opfer-Klischee. Eine Gemoppte, noch dazu von Mutti und Vati vernachlässigt, fängt an, sich selbst zu verletzen." Bitterkeit und eine Portion Schmerz hatten sich in meine Stimme gelegt.

„So darfst du das nicht sehen. Du trägst `ne Menge Schmerz mit dir rum. Manchmal suchen wir nur nach einem Ventil."

„Und was macht dich, bitte, zu einem Experten?" Ich merkte selbst, wie gereizt ich klang. Ich zog eine Augenbraue nach oben, setzte mich in den Schneidersitz, stützte die Ellbogen auf die Schenkel und das Kinn in beide Hände.

Ehe er antworten konnte, wurde die Tür aufgerissen. Tante Frieda lugte durch den Türspalt. „Ich wollte nur nochmal nach dir schauen, mein Schatz", meinte sie und fuhr sich mit einer Hand durch ihr graues Haar. „Deine Mutter hat mich vorhin angerufen und wollte wissen, warum du nicht an dein Handy gehst." Mit ernster Miene sah Tante Frieda mich an.

„Ich bin müde und rufe sie morgen an, okay?"

„Mit wem hast du denn gerade gesprochen?"

„Weißt du ..." Ich spielte für einen Moment mit dem Gedanken, Tante Frieda von Elvis zu erzählen, verwarf ihn aber schnell wieder. „Ich hab nur bisschen vor mich hin gebrabbelt."

„Ach so." Sie schenkte mir ein warmes, verständnisvolles Lächeln. „Schlaf schön, Süße!" Tante Frieda zog die Tür hinter sich zu.

Sofort schaute ich in den Spiegel zurück und war froh, dass Elvis noch darin zu sehen war.

„Gut, dass du es ihr nicht gesagt hast, denn sie hat keine Ahnung von mir. Wer weiß, wie sie es aufgefasst hätte."
Ich beobachtete Elvis dabei, wie er sich ins Bett legte und unter die Decke kroch.
„Warum habe ich anfangs nur mein Spiegelbild gesehen, sonst nichts?"
„Weil ich es so wollte", antwortete er knapp und gähnte vor sich hin.
„Wie bist du in diesen Spiegel geraten?" Neugierig trat ich erneut näher an den Spiegel heran und sah Elvis auffordernd an. Ihm fielen jedoch schon die Augen zu.
„Elvis?", hakte ich vorsichtig nach.
Doch er war bereits eingeschlafen.

Die Worte „Aufwachen, Schlafmütze", rissen mich am nächsten Morgen aus dem Schlaf. Unsicher hob ich meinen Kopf an und sah hinüber zum Spiegel. Elvis stand direkt vor mir und lächelte mich so intensiv an, dass es in meinem Bauch kribbelte.
„Es war kein Traum, du bist da."
„Klar bin ich das. Dank dir weiß ich endlich, wie spät es ist." Er zeigte mit dem Finger auf den kleinen Digitalwecker auf dem Nachttisch, den ich von zu Hause mitgenommen hatte.
„Es gab in diesem Zimmer nie eine Uhr, ich hatte schon jegliches Zeitgefühl verloren", fügte er hinzu und begann, auf dem Boden ein paar Liegestütze zu machen. Währenddessen suchte ich das Bad auf, wusch mich, putzte die Zähne und schlüpfte in meine Jeans und mein graues Lieblings-Shirt. Ehe ich zurück in mein

Zimmer marschieren konnte, wurde ich von Tante Frieda abgefangen.
„Guten Morgen, mein Schatz!" Sie stieg die Treppen hinauf. Ihr Gesicht erhellte sich augenblicklich. „Toll, du bist schon angezogen. Komm mit mir, frühstücken", forderte sie mich heiter auf und ging mit mir schließlich in die Küche, wo bereits ein Brotkorb und ein Teller mit Wurst und Käse wie auch Butter auf dem Tisch bereit standen.
„Möchtest du Tee oder Kaffee?"
„Kaffee, bitte."
Sie steuerte die Küchenzeile an, griff nach der Kanne mit dem frisch gebrühten Kaffee und füllte eine Tasse damit.
„Wie hast du geschlafen?", wollte sie wissen, griff sich eine weitere Tasse und füllte diese mit dem wohlduftenden Gebräu.
„Ganz gut", antwortete ich knapp.
Eilig vertilgte ich ein Brot, trank meinen Kaffee aus und führte noch etwas Smalltalk mit meiner Tante. Dann ging ich wieder in mein Zimmer, zum Lernen, wie ich es angekündigt hatte. Ich konnte es kaum erwarten, mit Elvis zu sprechen.
Rasch schloss ich die Tür hinter mir und visierte den Spiegel an.
„Hey", sagte ich und musste lächeln. Er sieht wunderschön aus, dachte ich, verfluchte mich aber ganz schnell wieder dafür, denn er grinste blinzelnd in sich herein.
„Ich ..., ich war eben frühstücken und ..."
„Schon klar. Du brauchst dich vor mir doch nicht zu rechtfertigen. Wie ich das Essen vermisse!" Er stieß einen langen Seufzer aus.

„Du hast seit sieben Jahren nichts mehr gegessen?“
„Hier drin sind jegliche Gesetze außer Kraft gesetzt, so ähnlich wie ein Flaschengeist bin ich oder sagen wir Spiegelgeist.“ Elvis´ Gesicht verdüsterte sich.
„Wie bist du in diesen Spiegel geraten?“, fragte ich abermals.
„Was hast du für Pläne hier? Wie lange bleibst du eigentlich bei deiner Tante?“, wechselte Elvis das Thema, hob eine Augenbraue, hockte sich auf den Boden und wirkte angespannt.
„Ich bleibe die gesamten Osterferien und bin hauptsächlich zum Lernen hier.“
Sein Mundwinkel zuckte. „Ach komm, nur zum Lernen?“
„Na gut. Ich werde noch in die Stadt fahren und ein bisschen in den Bergen wandern“, verriet ich und bemerkte, wie seine Augen aufflackerten.
„Ich habe eine Bitte. Wenn es nicht zu viel verlangt ist, kannst du mich vielleicht auch mal mit rausnehmen? Ich weiß überhaupt nicht mehr, wie die Berge und die Wiesen aussehen.“ Er seufzte tief und rieb sich mit einem Finger über den Nasensteg.
„Das würde ich sehr gern, aber es wird schwer werden, dich aus dem Haus zu schmuggeln. Ich müsste abwarten, bis meine Tante einkaufen ist oder so.“
Hoffnungsvoll schaute mich Elvis an und wirkte einmal mehr unwiderstehlich schön. Ich wollte das alles überhaupt nicht denken, aber er wusste ja ohnehin schon, dass ich ihn so sah.

Nach etwa zwei Stunden bekam ich eine Gelegenheit, mit dem Spiegel das Haus zu verlassen. Meine Tante war zum nächsten Dorf gegangen, um Brot und Gemüse zu kaufen.

Vorsichtig hob ich den Spiegel vom Haken herunter und merkte, wie schwer er doch war! Eine der Verschnörkelungen benutzte ich als Tragegriff und lief mit Elvis zusammen zu einem kleinen Wanderweg. Das klappte gut, da der Spiegel die Größe eines Koffers aufwies. Die erste Sitzbank, die ich erblickte, erklärte ich sofort zu unserem Platz. Sachte lehnte ich den Spiegel an die Bank, direkt vor einem kleinen Wald und dem atemberaubenden Bergpanorama.

„Danke, Maya! Es ist so wunderschön. Endlich sehe ich die Natur, höre die Vögel zwitschern." Scheinbar überwältigt hielt Elvis inne.

Ich hockte mich auf die Bank und blickte in das Blau des Himmels, worin keine einzige Wolke zu sehen war. Die Luft war frisch und mild, die Sonne schickte warme Strahlen nach unten. Es war ein herrlicher Frühlingstag. Weit und breit waren wir allein. So schwiegen wir bestimmt eine Stunde lang, lauschten bloß dem Gesang der Vögel.

„Maya, warum hast du mir nicht wenigstens eine Nachricht hinterlassen?", begrüßte mich Tante Frieda, als ich zurück ins Haus kam.

„Entschuldige, ich wollte bloß ein bisschen frische Luft schnappen", erwiderte ich heiser und bemerkte, wie ihre Augen von mir zu meinem Handgepäck wanderten.

„Meine Güte, Kind, warum hast du denn den Spiegel mitgenommen?“ Mit großen Augen sah sie mich an.
Ich lehnte den Wandspielgel an die Flurkommode und schloss die Haustür hinter mir zu. Zu meinem Bedauern fiel mir keine plausible Erklärung ein.
„Sag einfach, dass du Naturfotos mit ihm gemacht hast“, flüsterte mir Elvis zu.
„Ich habe Naturfotos mit ihm gemacht“, plapperte ich wie ein Papagei nach. Meine Tante nickte langsam, wirkte allerdings ein wenig verwirrt.
„W…w…weißt du, da gibt es diesen Foto-Wettbewerb im Netz. Gesucht wird ein außergewöhnliches Bild in der Natur und da dachte ich, mit diesem schönen Spiegel hätte ich gute Chancen auf den Sieg“, stotterte ich und musterte meine Tante.
Ihre kräuselnde Stirn glättete sich allmählich wieder.
„In Ordnung. Da drücke ich dir mal die Daumen, Spätzchen. Bring ihn jetzt bitte wieder nach oben.“

In den nächsten Tagen verbrachte ich die meiste Zeit am Spiegel, redete mit Elvis über Gott und die Welt. Eigentlich war ich diejenige, die ihm alles aus meinem Leben berichtete, all die Dinge erzählte, die er noch nicht in meinen Gedanken oder Träumen gehört hatte. Er wiederum blieb geheimnisvoll. Bis auf die Tatsache, dass er mit fünfzehn in diesen Spiegel verbannt worden und mittlerweile zweiundzwanzig Jahre alt war, also altern konnte, ohne essen und trinken zu müssen, wusste ich nichts über ihn. Immer, wenn ich eine Frage stellte, blockte er ab.

Auch an diesem Morgen saß ich auf dem Bett und erzählte Elvis davon, welche Musikgruppen derzeit angesagt waren und dass Smartphones mehr oder weniger die Welt regierten. Ich erhob mich und hielt ihm einen WhatsApp-Chat meiner Mutter vor die Nase.

„Wow!“, meinte er. „Was sich so alles getan hat in all der Zeit.“

„Was ist mit deinen Eltern?“, traute ich mich wieder einmal, eine persönliche Frage zu stellen.

Er sah mich grimmig an und lief im Zimmer auf und ab. „Du hast sicher schon mitbekommen, dass ich nicht gern über meine Vergangenheit spreche.“

Sanft legte ich eine Hand an den Spiegel und sah ihn beschwörend an. „Bitte! Nur dieses eine Mal!“

Elvis schluckte hörbar und kniete sich vor mir auf dem Boden, so dass unsere Nasenspitzen sich beinahe berührten. Tief seufzte er auf.

„Ich war kein guter Sohn für sie. Die Wahrheit ist, ich schäme mich für das, was ich getan habe. Ich habe sie bloß unglücklich gemacht.“ Seine Stimme klang schmerzverzerrt, so dass es mir einen Stich versetzte.

„Ich bin sicher, deine Eltern haben dir verziehen, was es auch war.“

Er schnaubte. „Da bin ich mir nicht so sicher.“

„Was hast du denn angestellt? Du kannst mit mir über alles sprechen, genau wie ich dir alles anvertraut habe“, bohrte ich weiter

und schaffte einen kleinen Abstand zwischen uns, um ihn besser betrachten zu können.
Elvis schüttelte schnell den Kopf. „Gerade wegen dem, was du alles durchgemacht hast, kann ich es dir nicht sagen."
Noch kryptischer ging es wirklich nicht!
Doch ehe ich noch etwas darauf erwidern konnte, sagte er: „Ich mag dich, Maya. Sehr sogar."
Seine Worte lösten einen ganzen Schwarm Schmetterlinge aus, die in meinem Bauch auf und ab tanzten.
„Ich mag dich auch sehr. Du bist der Einzige, dem ich wirklich vertraue."
Ein Lächeln umspielte seine Mundwinkel. Er sah aus wie ein Engel. Alles, was ich wollte, war, ständig in seiner Nähe zu sein. Auch wenn uns dieser Spiegel voneinander trennte, waren wir uns dennoch mit unseren Worten so nah, dass es mich neben den Glücksgefühlen, die ich empfand, unendlich schmerzte.
„Ich habe Angst, dass du mich verachten wirst, wenn ich dir von meiner Vergangenheit erzähle."
„Nein, das werde ich nicht." Ich setzte ein aufmunterndes Lächeln auf und stand auffordernd vor ihm, wartete darauf, endlich mehr von ihm zu erfahren. Vielleicht konnte ich ihm ja helfen!
„Maya, würdest du mir noch einen Gefallen tun?"
Schon wieder wechselte er das Thema, wie es schien. Meine Mundwinkel erschlafften.
„Welchen?"
„Würdest du mich vielleicht in ein Café mitnehmen?"

„In ein Café? Es gibt zwar ein ganz kleines im Dorf, aber wie soll ich das vor meiner Tante erklären?"
„Mir fällt schon etwas ein. Ich möchte einfach unter Leute, etwas mehr von der Welt sehen. Verstehst du das?"
Ich seufzte tief. „Ja."

Ich konnte es nicht glauben, aber ich hatte mich wirklich dazu breitschlagen lassen und saß mit Elvis oder vielmehr dem Spiegel am Tisch im Jaques, einem winzigen Café im Dorf. Lediglich drei Tische besaß es, eine kleine Theke mit einer Kellnerin im Dirndl und geflochtenen Zöpfen.
Ich nahm am einzig freien Tisch Platz, lehnte den Spiegel an meinen Stuhl, so dass Elvis eine gute Aussicht auf alles hatte.
Sogleich kam die Kellnerin auf mich zu, schaute erst zu dem großen Spiegel hinüber, sah dann mich an und sagte: „Grüß Gott! Was darf´s zu trinken sein?"
„Einen Milchkaffee, bitte."
„Kommt sofort." Dann verschwand die Dame wieder hinter der Theke.
„Und wie gefällt es dir?", flüsterte ich Elvis zu.
„Ich war schon einmal hier. Es hat sich bis auf die Tapeten nicht viel verändert", verriet er in heiterem Tonfall.
Nachdem die Kellnerin mir den Kaffee gebracht hatte, fragte mich Elvis: „Könntest du mich dir gegenüber an den Stuhl lehnen?"

„Was?“ Entgeistert schüttelte ich den Kopf, kam dann aber seiner Bitte nach. Mittlerweile waren die Blicke der Gäste, zwei ältere Ehepaare, vollständig auf mich gerichtet.
„Vielleicht bestellt das Madel noch was für ihren Spiegel“, hörte ich einen Mann belustigt sagen.
Verärgert sah ich Elvis an. Dieser schenkte mir ein so dankbares Lächeln, dass ich alles um mich herum vergaß. Der Glanz in seinen Augen nahm mich augenblicklich gefangen. Er schien so unendlich glücklich und zufrieden zu sein, dass ich mir jeglichen anklagenden Spruch verkniff. In diesem Moment war auch ich glücklich und zufrieden.
„Unser erstes Date hatte ich mir so ähnlich vorgestellt. Na ja, bloß ohne Spiegel und so“, witzelte er und verursachte ein angenehmes Herzflattern in mir.
„So, das ist also ein Date?“ Grinsend hob ich eine Augenbraue nach oben.
„Das, was du für mich getan hast, hätte nicht jede getan“, wisperte er mir mit rauer Stimme zu.
„Ach komm, schon gut.“
„Nein, es ist nicht alltäglich, sich mit einem Spiegel in ein Café zu setzen und zu plaudern.“
„Warst du öfters hier?“, wollte ich wissen und sah Elvis durchdringend an.
„Ein paar Mal war ich nach der Schule hier, habe etwas getrunken, Hausaufgaben gemacht. Du musst übrigens heute auch wieder lernen. Ich helfe dir auch, wenn du willst.“

„Wie das?“ Interessiert legte ich eine Hand unters Kinn und beobachtete, wie Elvis´ Gesicht fast aus dem Spiegel ragte.
„Ich hab dein Buch auch, nur eben spiegelverkehrt.“
Ich musste lachen. „Ja, stimmt.“
„Maya, was machst du da?“, hörte ich mit einem Mal Tante Frieda sagen.
Rasch drehte ich mich um. Sie stand direkt hinter mir und warf mir einen nur allzu verwirrten, zugleich auch ärgerlichen Blick zu. Der Mund blieb mir offenstehen. Ich fand keine Worte, nichts, was annährend schlüssig geklungen hätte.
„Du sagtest, du wolltest noch ein paar Naturaufnahmen mit meinem Spiegel machen. Jetzt sehe ich es mit eigenen Augen, du redest mit ihm.“
Obwohl Tante Frieda flüsterte, hatten wir alle Blicke auf uns gezogen, sogar die der Kellnerin und des Inhabers. Na, toll, dachte ich und sah zu Elvis hinüber, der bloß mit den Achseln zuckte. Keiner konnte ihn sehen außer mir, weil er es so wollte. Da kam mir ein rettender Einfall.
„Ich erkläre dir alles, wenn wir zu Hause sind, Tante Frieda“, versprach ich, bezahlte und ging mit meiner Tante und dem Spiegel von dannen.

„So, ich bin ganz Ohr, mein Kind.“ Tante Frieda hatte sich auf mein Bett gesetzt und sah mir dabei zu, wie ich den Spiegel zurück an die Wand hängte.
„Tu es nicht, Maya!“, meldete sich Elvis zu Wort, kam ganz nah herangetreten und sah mich flehend an.

„Bitte, es muss sein“, wisperte ich ihm ruhig zu.
„Sie wird dir ohnehin nicht glauben.“
„Du musst dich ihr nur zeigen.“
„Maya?“, ließ mich die erhöhte Tonfrequenz meiner Tante zusammenzucken.
Sofort drehte ich mich um, holte tief Luft, setzte mich neben sie.
„Du musst versprechen, mich ausreden zu lassen. Was ich dir gleich sagen werde, klingt unvorstellbar.“
„In Ordnung. Hauptsache, du erzählst mir endlich, was mit dir los ist, Maya.“
Noch einmal holte ich tief Luft und sah meine Tante intensiv an.
„In dem Spiegel wohnt ein junger Mann, er heißt Elvis. Vor etwa sieben Jahren ist er darin verbannt worden. Wie und warum das genau geschah, hat er mir noch nicht verraten.“
Meine Tante legte die Hände in den Schoß und schwieg.
„Sag doch was!“
Sie schaute mich nicht einmal an, sondern starrte auf den Fußboden.
„Tante? Bitte rede mit mir!“ Verzweifelt und mit Herzklopfen blickte ich Tante Frieda flehend an. Von einer auf die andere Sekunde brach diese in Tränen aus. „Ich habe gedacht, hier bei mir könntest du dich ein bisschen erholen, gehst besser mit deinen psychischen Problemen um. Aber es ist ..., es ist schlimmer geworden. Wie bring ich das nur deinen Eltern bei?“ Ganz bitterlich schluchzte Tante Frieda auf, rieb sich die Nase und sah mich endlich wieder an.
„Ich hab‘s dir ja gesagt“, rief Elvis aus.

„Oh, Kind! Ich dachte, ich könnte dir helfen." Sie rückte näher an mich heran, nahm mich in ihre Arme. „Es wird alles wieder gut. Du bekommst Hilfe."

Vorsichtig machte ich mich wieder von ihr frei. „Nein, das ist nicht nötig. Weißt du, ich kann dir beweisen, dass ich nicht spinne. Elvis, bitte, zeig dich meiner Tante!"

Tante Frieda sah für etwa fünf Sekunden in den Spiegel. „Da ist nichts und niemand. Ich werde den Spiegel in mein Zimmer packen", erwiderte sie kurzentschlossen, nahm Elvis von der Wand und trug ihn aus meinem Zimmer.

„Nein, bitte tu das nicht!", bettelte ich. Ein letzter schwacher Versuch zu verhindern, dass mein Leben aus den Fugen geriet.

In meinem Bett hatte ich mich zusammengerollt und heulte wie ein Schlosshund. „Sie hält mich für verrückt, und sie wird es Mama und Papa erzählen. Dann komm ich in die Anstalt zurück. Niemand wird mir glauben. Elvis sehe ich nie wieder!"

Elvis, bei dem Gedanken hielt ich kurz inne.

Er wollte mir nicht helfen. Wieso? Was, wenn er wirklich bloß eine Ausgeburt meiner Fantasie ist, eine Halluzination?

Die Antidepressiva, die ich zuvor genommen, aber vor etwa zwei Wochen eigenmächtig abgesetzt habe, können unter Umständen auch Wahnvorstellungen auslösen, wie mir mein Doc unlängst verraten hat. Damit kann das also nichts zu tun haben. Ich konnte diese Pillen einfach nicht mehr länger schlucken. In meinem Innern hatte sich alles taub und leer angefühlt. Alles andere war besser als das!

Nach zwei Tagen in denen ich mein Zimmer nur zum Pinkeln und Essen verlassen hatte, tauchten meine Eltern bei uns auf. Ich konnte es nicht fassen, dass Tante Frieda ihnen alles erzählt hatte. Natürlich machte sie sich Sorgen, aber hatte sie mir überhaupt zugehört? Mama und Papa hatten es sich damals ganz leicht gemacht und mich einfach abgeschoben. Sie würden sicherlich nicht zögern, es wieder zu tun. Ich war ihnen ausgeliefert. Vermieden hatte ich es, mit Elvis zu sprechen. Sicher hätte ich eine Gelegenheit gefunden, in das Schlafzimmer meiner Tante zu gelangen, wenn sie duschen geht oder ähnliches, aber ich war zu enttäuscht von ihm. Ich hatte gedacht, dass das, was wir hatten, etwas Besonderes gewesen war, dass ich ihm etwas bedeuten würde. Wenn dem so gewesen wäre, hätte er mich nicht auflaufen lassen. Oder war er doch nicht real? Ich war mir nicht mehr sicher, traute mir im Grunde selbst nicht über den Weg.

„Deine Mutter und ich haben nicht umsonst unsere Resturlaubstage verbraucht und diesen weiten Weg auf uns genommen, nur dass du uns hier ignorierst“, herrschte mein Vater mich an. Ohne ihn und Mama eines Blickes zu würdigen hockte ich auf der Eckbank in der Küche, schaute hilfesuchend zu meiner Tante hinüber, die neben mir saß. Die Blicke meiner Eltern mir direkt gegenüber fühlte ich wie Feuer auf meiner Haut brennen.

„Sieh mich bitte nicht so an, Kind! Dein Vater hat recht“, fiel mir meine Tante in den Rücken.

Das hätte ich nicht von ihr gedacht!

Langsam wandte ich mich, mit einem dicken Kloß in der Kehle, meinen Eltern zu. Papa fuhr sich mit einer Hand über seine grauen Geheimratsecken. Eine tiefe Denkfalte lag auf seiner Stirn. Seine dunklen Augen glimmten zornig.

Meine Mutter hatte ihre langen, blonden Haare mit einer Haarspange nach oben gesteckt, zwirbelte scheinbar nervös am Saum ihrer Bluse herum, dann warf sie ihrer großen Schwester einen ernsten Blick zu. Ich sah wieder Tante Frieda an und erkannte Tränen in ihren Augen.

„Wollt ihr mich jetzt etwa wieder in eine Klapse abschieben?" Herausfordernd funkelte ich meinen Vater an, dessen Mundwinkel zuckte. Dann rieb er sich übers Kinn, sah um ein Vielfaches wütender aus. Das erkannte ich an der puterroten Farbe in seinem Gesicht.

„Keiner hat dich abgeschoben!", brüllte er.

„Kai!" Meine Mutter warf ihm einen tadelnden Blick zu. „Kind, wir haben uns bloß um deine psychische Gesundheit gesorgt. Wir wollten nicht, dass du dich weiterhin verletzt, du warst in Gefahr."

„Bullshit", protestierte ich.

Energisch schlug mein Vater mit der Faust auf den Tisch, so dass ich unwillkürlich zusammenzuckte.

„Schluss jetzt mit dem Schwachsinn!", knurrte er. „Was meinst du wohl, wie sehr deine Mutter sich aufgeregt hat, als deine Tante uns vorgestern anrief. Ich dachte schon, sie bekommt einen Nervenzusammenbruch. Jetzt leidet unsere Tochter auch noch an Wahnvorstellungen und redet mit Leuten in Spiegeln."

Abwehrend winkte er mit einer Hand ab und sah mich mit einer Mischung aus Sorge und Verachtung an. „Es gibt aber auch diese schrägen Vögel, die anfangen, Gegenstände zu lieben und sogar zu heiraten. Wie heißt das noch gleich?“ Er schnipste ein paar Mal mit den Fingern und schaute Mama fragend an.
„Objektophilie.“
„Danke, Bärbel. Objektophilie. Bist du so eine?“, fragte er mich und schien mich mit seinem Blick durchbohren zu wollen.
„Nein, Papa! So eine bin ich nicht!“, stellte ich schnippisch klar, sah dann erneut zu meiner Tante hinüber, die immer noch kein Wort über die Lippen gebracht hatte.
„Tante Frieda, bitte erkläre ihnen, dass ich bei dir gelernt hab‘ und es mir hier gut geht, besser jedenfalls als zu Hause! Mein Zuhause ist für mich nicht mehr mein Zuhause, wird es nie wieder sein.“
Meine Mutter schluchzte auf, verließ dann fluchtartig mit den Worten „Ich muss aufs Klo“ den Raum.
Dann fingen Tante Frieda und mein Vater an, hitzig zu diskutieren. Ich nutzte die Gunst der Stunde, um mich heimlich vom Acker zu machen. Mit einem Mal wollte ich mit Elvis sprechen, mich davon überzeugen, dass ich nicht verrückt bin, denn er hatte einfach zu real gewirkt. Keine Illusion der Welt besaß dieses Lächeln, diese Wangengrübchen und diese tiefe, heisere Stimme.
Rasch lief ich in das Schlafzimmer meiner Tante und erblickte den Spiegel, wie er mit der Vorderseite zur Wand gelehnt stand.

Sogleich griff ich ihn mir, drehte ihn um, schaute verzweifelt hinein. Ich erkannte nur mich darin.
„Elvis? Bist du da? Bitte, sag doch was!"
Nichts war zu hören. Enttäuscht schnaubte ich auf. „Bitte!"
Nichts. Es tat sich gar nichts.
Gerade als ich den Raum verlassen wollte, hörte ich ein Flüstern: „Bitte, häng mich in dein Zimmer zurück. Außer diese blöde weiße Wand habe ich in der letzten Zeit nichts mehr zu Gesicht bekommen. Das halte ich wirklich nicht mehr länger aus."
Ohne zu überlegen trug ich den Spiegel rüber in mein Zimmer. Von oben aus hörte ich meine Eltern und meine Tante noch immer lautstark diskutieren.
Die sind erst mal beschäftigt.
Nachdem ich den Spiegel zurück an seinen ursprünglichen Platz gehängt hatte, sah ich ihn, Elvis, endlich wieder vor mir stehen, genauso schön wie immer. Er schenkte mir ein schiefes Lächeln.
„Ich hab dich vermisst. Ich hab dich so vermisst, Maja."
„Ist das so?"
„Ja, natürlich."
„Aber warum hast du mir nicht bei meiner Tante geholfen?" Kritisch fixierte ich ihn, biss mir auf die Unterlippe. „Hier, ich hab' es wieder getan", sagte ich, krempelte meinen Ärmel hoch und streckte ihm meinen Arm hin, auf dem sich einige neue Wunden abzeichneten.
Ruckartig zuckte Elvis zusammen, als hätte ich ihm einen Schlag verpasst.
„Oh nein, Maya! Es tut mir so leid!"

Ich konnte erkennen, wie glasig mit einem Mal seine Augen wurden.
„Ich kann mich immer nur einer Person zeigen. Tut mir leid, dass ich das nicht schon viel früher erwähnt habe. Bitte, verzeih!“
Ich seufzte tief, ließ mich auf das Bett plumpsen und sah ihn weiterhin konzentriert an.
„Ich verzeihe dir unter einer Bedingung.“
„Und die wäre?“
„Erzähl mir alles. Erzähl, wie es dazu kam, dass du da drin gelandet bist.“
Elvis kniete sich auf dem Boden und drückte seine Hände gegen den Spiegel. „Glaub mir, das willst du nicht wissen.“ Er wirkte so gequält.
„Doch, das will ich. Unbedingt.“
Resigniert seufzte er auf. „Ich war einer dieser fiesen Typen, die andere gemobbt haben. Die Sorte Mensch, die du aus gutem Grund so sehr verachtest.“
Ich musste schlucken, sagte aber kein Wort und ließ ihn fortfahren.
„Sie hieß Marianne, hatte rotes, krauses Haar und trug Brille. Das Klischee für Lästereien. Bei jeder Gelegenheit machte ich mich über sie lustig, zog mit üblen Witzen darüber her, dass sie ihre Nase ständig in Bücher steckte, lästerte über ihre ätzenden Klamotten ab. Stets trug sie diesen Pulli mit diesen Bären drauf. Fortan nannte ich sie bloß ‚StreBär‘.“
„Sehr kreativ.“ Ich schnaubte.

„Das war ja noch nicht einmal das Schlimmste." Elvis zögerte für einige Sekunden, kniff dann die Augen zusammen und sah mich daraufhin durchdringend an.
„Ich hatte mit ein paar Freunden so eine Wette am Laufen. Wenn ich einen Tag so tun ..." Fahrig rieb Elvis sich mit beiden Händen durchs Gesicht. Er rang mit sich, das war offensichtlich.
„Was? Spuk's aus!" Meine Stimme wurde mit einem Mal schmerzverzerrt.
„Wenn ich für einen Tag so tun würde, als würde ich Marianne mögen, sie sogar küssen, würde ich 100 Euro bekommen."
Angewidert schüttelte ich den Kopf. „Lass mich raten. Du hast gewonnen."
Elvis vergrub das Gesicht in beiden Händen. „Bitte, Maya, du musst mir glauben, ich bereue es zutiefst."
„Na schön, okay. Was ist dann passiert?"
Elvis nahm seine Hände von dem Gesicht. Für einen Moment zuckte ich zusammen, denn seine Augen waren rot und seine Wangen voller Tränen.
„Marianne hat natürlich alles rausbekommen und kam am nächsten Tag nicht zur Schule. Ich dachte, die beruhigt sich früher oder später wieder. Aber am zweiten Tag bekam unsere Klasse dann Nachricht darüber, dass Marianne sich das Leben genommen hatte."
Meine Kehle war staubtrocken. „Was?"
„Sie war unglücklich, sehr unglücklich, vielleicht so ähnlich wie du. Mein Verhalten hat wohl das Fass zum Überlaufen gebracht. Ich habe nicht geahnt, dass es so kommen könnte, das habe ich

wirklich nicht gewollt." Elvis´ Stimme war bloß noch ein Flüstern. Auf dem Boden hockend verschränkte er beide Arme hinter dem Nacken und blickte nach oben. So gepeinigt wirkte er!

„Wolltest du deshalb mit mir in Kontakt kommen? Hast du gehofft, etwas wieder gut machen zu können, wenn du einem anderen Mobbing-Opfer hilfst? Sowas wie eine gute Tat löscht eine böse aus?" Ein dicker Kloß hatte sich in meinem Hals gebildet, krampfhaft kämpfte ich gegen die sich anbahnenden Tränen an.

„Nein, so war es nicht, Maya. Ja, ich muss zugeben, dass ich mich zuerst verantwortlich gefühlt habe. Doch dann ..., dann lernte ich dich kennen, verliebte mich in dich."

Ich schüttelte den Kopf. „Das kann ich dir jetzt nicht mehr glauben." Ich wollte nichts mehr von seinen Liebesbekundungen hören. Es fühlte sich an wie Säure, die meine Kehle hinabglitt.

„Es ist die Wahrheit."

„Warum hast du dich nicht meiner Tante gezeigt? Ich meine, ihr gehört der Spiegel."

„Mir war einfach nie danach, mich ihr zu zeigen. Außerdem hab' ich sie kaum zu Gesicht bekommen. Sie hat mich in diesen Raum gehängt und ist nur ab und zu zum Staubputzen reingekommen."

„Zurück zur eigentlichen Geschichte: Was ist dann passiert?", wollte ich mit zusammengezogenen Brauen wissen.

„Ich wusste, dass Marianne bei Irmgard Klose, ihrer Großtante, lebte. Ihren Vater hatte sie nie kennengelernt, und ihre Mutter wollte sie nicht, so hatte man sich zumindest erzählt."

Grauenhaft! Die Arme!

„Da meine Gewissensbisse mich buchstäblich auffraßen, bin ich schließlich zu ihrer Tante gegangen, habe ihr alles gebeichtet, ihr versichern wollen, dass ich Marianne nicht zerstören wollte. Es war ein dummer Streich. Doch sie hat gemeint, dass ich ein böser Mensch wäre und meine Strafe bekommen würde. Dann murmelte sie etwas in einer mir fremden Sprache. Ehe ich mich versah, war ich in ihrem Wandspiegel gefangen. Sie war eine Hexe, das hat sie mir offenbart. Zuvor habe ich immer gedacht, Hexen sind bloß Märchenfiguren. Es war meine Strafe, von nun an in diesem Spiegel zu wohnen."

Mit weit aufgerissenen Augen starrte ich ihn an. Das, was er mir gerade erzählt hatte, war unglaublich. Zweifel hatte ich dennoch keine.

„Puh, das ist krass. Das ist so krass."

„Zuerst strafte Irmgard mich mit Verachtung, hängte mich über ein Jahr in einen dunklen Keller. Alles, was ich in der ganzen Zeit sah, war nichts als Dunkelheit, so dass ich irgendwann das Gefühl hatte, blind zu sein. Doch dann, von einem auf den anderen Tag bekam ich – oder besser gesagt der Spiegel –, plötzlich einen neuen Platz, direkt im Flur, dann im Wohnzimmer. Irgendwann hörte sie auf, mich anzuschweigen. Von Jahr zu Jahr erhielt ich mehr Zuneigung von ihr. Schlussendlich hatte sie mir vergeben. Doch sie erklärte mir, dass sie mich niemals freilassen würde. Die Konsequenzen, die sich für sie entwickeln könnten, wären verehrend, hatte sie gemeint."

Langsam nickte ich. „Na klar. An einen Zauber hätte keiner geglaubt, und man hätte ihr höchstwahrscheinlich Entführung vorgeworfen."

„Meine Eltern, die ganze Zeit musste ich daran denken, was sie durchgemacht haben mussten! Sie haben irgendwann die Hoffnung aufgegeben, dass ich noch einmal zurückkommen würde. Wahrscheinlich haben sie irgendwann gedacht, ich wäre tot. Irmgard hatte mir erzählt, dass mein Vater zum Alkoholiker wurde. Schlussendlich ließen sie sich scheiden."

„Oh Gott, das tut mir so leid!"

Elvis fuhr sich mit einer Hand durch die Haare und setzte ein kleines, versöhnliches Lächeln auf. „Ich hab' meine Strafe bekommen, und diese hält immer noch an. Ich werde mein Leben lang hier drin gefangen sein."

Nun empfand ich aufrichtiges Mitleid mit ihm. Elvis war ein dummer, oberflächlicher Junge gewesen, kein durchtriebener Sadist.

„Warum hat Irmgard den Spiegel an meine Tante verschenkt? Wie passt das zusammen?"

„Kurz vor ihrem Tod wurde Irmgard dement. Sie schien einfach vergessen zu haben, dass es mich gibt."

„Verstehe."

„Bitte, Maya, glaube mir, ich bin längst ein anderer geworden in den ganzen Jahren. Meine Gefühle für dich sind aufrichtig." Das Grün in seinen Augen schimmerte dunkel und wirkte aufrichtig. Er stand auf und kam so nah herangekrochen, wie es ging.

Auch ich kam so nahe, dass unsere Handflächen parallel zueinander lagen, so als ob wir uns berühren würden. Erneut spürte ich diese Vertrautheit zwischen uns, dieses Kribbeln, die Hitze.
„Wie ist eigentlich dein Nachname?“, fragte ich, die Wange an den Spiegel gedrückt.
„Brenner. Elvis Brenner.“
Ich musste grinsen. „Deine Eltern mussten wirklich große Elvis-Fans gewesen zu sein.“
Er lachte auf. „Ja, das waren sie.“
Ich schnaufte, schaffte dann einen kleinen Abstand zwischen uns, damit ich Elvis ansehen konnte. „Ich glaube dir, Elvis Brenner.“
Sein Gesicht erhellte sich. Mein Herz hämmerte wild und unkontrolliert in meiner Brust. Ich wusste vom ersten Tag an, dass ich ihn liebte. Daran hatte sich auch nach seiner Beichte nichts geändert.
Ohne nachzudenken näherten sich meine Lippen dem Spiegel, und ohne noch einmal hineinzusehen, wusste ich, dass er es mir gleichtat. Auch wenn ich nur die kalte Spiegelplatte spürte, hatte ich noch nie zuvor eine solche Nähe zwischen uns gefühlt.
„Hör sofort auf mit dem Blödsinn!“, ließ mich da die herrische Stimme meines Vaters zusammenzucken.
Langsam und blinzelnd ließ ich ab von dem Spiegel, sah Elvis tief in die Augen und lächelte für einen kurzen Augenblick, ehe ich mich zu meinem Vater umdrehte, der mit verschränkten Armen an den Türrahmen gelehnt stand.

„Was soll das, junge Dame?“ Seine Stirn lag in Falten, sein Blick durchbohrte mich fassungslos und anklagend zugleich.
„Wenn ich es dir erzähle, würdest du mir sowieso nicht glauben“, erwiderte ich heiser.
„Was ich hier sehe, ist eindeutig. Du führst eine lebensähnliche Beziehung mit einem Gegenstand.“
„Elvis ist kein Gegenstand“, stellte ich angesäuert klar und kam einen Schritt auf meinen alten Herrn zu.
„So, einen Namen hat er also auch.“ Papas Stimme triefte vor Spott und Verachtung.
„Ich bin nicht in einen Gegenstand verliebt, sondern in den Mann darin.“ Schnell warf ich einen Blick auf Elvis, der konzentriert dreinblickte.
Ich wandte mich wieder Papa zu. „Du wirst mich niemals akzeptieren, hab‘ ich recht?“
„Maya, mein Kind, ich kann dich in diesem Zustand überhaupt nicht akzeptieren. Ich akzeptiere normale und gesunde Menschen. Aber eines schwöre ich dir.“ Er hob einen Finger in die Luft und wedelte damit herum. „Ich werde dir erneut die Hilfe zukommen lassen, die du brauchst.“
Schnell schüttelte ich den Kopf. „Nein, ich werde nicht in diese Klapse zurückgehen, du kannst mich nicht zwingen.“ Meine Augen füllten sich mit Tränen. Der brennende Schmerz gewann die Oberhand.
„Du wirst, junge Dame.“
„Bitte, Papa! Ich bin nicht verrückt“, versuchte ich verzweifelt gegen seine Vorbehalte anzukämpfen, obgleich ich wusste, dass

es zwecklos war. Papa war verbohrt und stur. Seine und Mamas heile, spießige Welt durfte nicht ins Wanken gebracht werden. Ich sah flehend, aber machtlos in seine stumpfen Augen. Sie waren schon immer fremd für mich gewesen.
„Maya“, rief mich Elvis. Ich schaute zu ihn hinüber und erkannte kleine Schweißperlen auf seiner Stirn, seine Atmung war flach.
„Maya, ich habe es in den Gedanken deines Vaters lesen können. Er hat vor, den Spiegel zu zerstören. Ich bitte dich, kämpfe nicht dagegen an. Es wird das Beste für dich sein, wenn du mich loslässt.“
Angst kroch in mir hoch, unbändige Angst.
Ich darf ihn nicht verlieren! Er ist der Einzige, der mich jemals wirklich verstanden hat!
Entschieden stellte ich mich vor Elvis, beobachtete, wie mein Vater wie ein Bulldozer immer näher und näher kam.
„Aus dem Weg, Maya!“ Seine Worte waren schneidend und eiskalt.
„Niemals!“, schrie ich und drückte mich vor den Spiegel, umklammerte mit aller Kraft den Rahmen, bis meine Fingerknöchel schmerzten. Ich würde Elvis nicht einfach so kampflos aufgeben! Doch mein Vater schob mich mit stählernem Griff zur Seite und schubste mich in die Ecke, wo ich unsanft auf meinen Po landete. Ehe ich noch etwas erwidern konnte, hob Papa in Windeseile den Spiegel in die Höhe und warf ihn mit voller Wucht auf den Boden, so dass er in unzählige Scherben zerbrach.
In diesen Augenblick zerbrach auch mein Herz, meine Seele. Es war, als hätte man mir mein Rettungsboot genommen, meine

Aussicht auf Frieden und Glück. Es war, als fiele ich in komplette Dunkelheit.
„Nein!", schrie ich auf und kniete mich in die Scherben. „Elvis?", flüsterte ich keuchend. Doch wie zu erwarten kam keine Antwort.
„Was ist denn hier los?", hörte ich Tante Frieda sagen.
Als ich aufblickte, sah ich sie und Mama im Türrahmen stehen. Ich hatte keine Kraft mehr zu sprechen und ließ all den angestauten Schmerz aus meiner Brust. Mein Vater erklärte ihnen beiden, was vorgefallen war und entschuldigte sich dafür, Tante Friedas Eigentum zerstört zu haben. Mama und meine Tante kamen zu mir nach unten auf den Boden, fassten mich an den Schultern und trugen mich weg.
„Alles wird gut, mein Schatz", hörte ich Mama sagen.
Heimlich stopfte ich mir eine Spiegelscherbe in die Tasche.

Zwei Stunden später:
Ich lag eingerollt in meinem Bett, war noch immer wie betäubt. Tante Frieda saß hinter mir auf der Bettkante und streichelte meinen Rücken. „Er hat es nicht so gemeint, dein Vater wollte dir damit bloß helfen, auch wenn die Methode sehr rabiat war."
Ruckartig drehte ich mich um, setzte mich auf. „Sehr rabiat? Er hat deine kostbare Antiquität zerstört und meinen Freund", sagte ich bitter und drehte mich wieder von ihr weg, starrte auf die leere Wand mit Haken, wo Elvis immer gehangen hatte.
Er ist tot. Er wird nie wieder kommen, nie wieder! Ich wollte ihn noch so vieles fragen.

„Liebes, bitte sei nicht mehr traurig. Es wird alles gut."

„Diesen scheiß Satz kann ich nicht mehr hören", polterte ich drauflos und boxte in mein Kissen. „Bitte, Tante Frieda, lass nicht zu, dass sie mich mit nach Hause nehmen und wegsperren. Bitte lass mich bei dir bleiben!"

Ich hörte meine Tante tief seufzen, dann rückte sie noch ein Stück näher und schloss mich in die Arme. „Trotz aller Schwierigkeiten lieben deine Eltern dich. Sie machen sich Sorgen und wollen dir nur helfen, Kind. Außerdem kann ich das nicht entscheiden, und das weißt du."

Für einen Moment wurde ich ruhiger in den Armen meiner Tante. Sie stand mir schon immer näher als Mama, die mich noch nie in den Arm genommen hatte. Ich streichelte ihr über die Schulter und löste mich langsam aus der Umarmung. Tief blickte ich ihr in die Augen. „Ich hab dich lieb", sagte ich mit dünner Stimme.

Meine Tante schenkte mir ein gewohnt warmes Lächeln.

„Ich hab dich auch lieb."

Dann verließ sie den Raum.

Noch dieser eine Abend blieb mir, bevor ich in das Auto meiner Eltern steigen musste. Eltern? Sie waren doch nie wirklich für mich dagewesen! In eine Anstalt wegsperren, damit ich auch ja die Familienehre nicht beschmutzte, war das eine Lösung?

Ich fühlte mich verloren, so verloren. Ich war ihnen ausgeliefert. Nein, überlegte ich weiter und sprang aus dem Bett. Ich werde nicht in diese Anstalt zurückgehen. Ich will so ein Leben nicht mehr! Ich habe genug, schon viel zu lange habe ich genug. Diese

Gedanken von Selbstmord hatte ich im Laufe der Jahre immer einmal wieder. Bisher konnte ich sie jedes Mal wieder verscheuchen. Bis jetzt.
Mit zittrigen Händen zog ich die Scherbe, die ich unter mein Kopfkissen gelegt hatte, hervor und betrachtete sie für einen Augenblick, sah meine verheulten Augen darin. Dann dachte ich wieder an Elvis. War er wirklich tot? Oder war er jetzt vielleicht an einem anderen Ort? Ging es ihm dort gut?
Er war nicht mehr bei mir. Dabei hätte ich ihn so dringend gebraucht! War er real? War er wirklich real? Was, wenn ich doch verrückt war? Aber das konnte nicht sein! Noch nie in meinem Leben hatte sich etwas so echt angefühlt.
Tief holte ich Atem, stieg aus dem Bett und setzte die Scherbenspitze an meinem Arm an. Ich wusste von einer ehemaligen Patientin aus der Klinik, die ich dort kennengelernt hatte, wie man die Pulsadern richtig durchtrennt. Sie hatte es getan, war aber rechtzeitig gefunden worden. Wahrscheinlich war sie immer noch in dieser Anstalt.
Schon lange hatte sich mein Leben wie ein immer gleichbleibender kalter, grauer Schleier angefühlt, der mich eingewickelt und mir die Luft abgeschnürt hatte.
Mein Schnitt war tief und fest. Ich sah binnen Sekunden das Blut aus mir fließen, bis ich irgendwann leblos zu Boden fiel.

Ein Rauschen war zu hören. Es roch nach Meer. Die Luft war so frisch und klar.
Was ist nochmal geschehen? Ach ja, ich hab mich umgebracht.

Langsam öffnete ich die Augen. Ich lag im Sand, um mich herum tanzte das Meer mit seinen Wellen auf und ab. Es war majestätisch und schön.

Bin ich im Himmel? Nach Fegefeuer sieht das eindeutig nicht aus.

„Maya, was hast du getan?“, hörte ich eine vertraute Stimme. Ich drehte mich um. Es war Elvis. Er war da, stand endlich wahrhaftig vor mir, so schien es jedenfalls. Wenn das ein Traum war, wollte ich nicht aufwachen.

Ich fiel in seine Arme, hielt ihn ganz fest. „Du bist da! Ich dachte, ich hätte dich für immer verloren“, flüsterte ich in sein Ohr. Ich konnte es nicht fassen, wir waren zusammen. Kein Spiegel mehr, der uns trennte. Ich konnte ihn spüren, riechen.

Elvis erwiderte die Umarmung, seufzte auf, dann machte er sich wieder frei und sah mir tief in die Augen. „Ja, ich bin hier. Ich wollte bei dir sein.“ Seine Augen füllten sich mit Tränen.

„Hey, nicht weinen“, sagte ich sanft und strich ihm mit den Fingerspitzen über die Wange. „Wo sind wir“, stellte ich endlich die Frage der Fragen.

„Wir sind nicht im Jenseits, falls du das angenommen hast. Es ist ein Ort, den du selbst ausgewählt hast. Dein Körper kämpft gerade ums Überleben“, erklärte er mir bebend. „Verstehst du nicht? Du musst kämpfen! Du musst leben!“ Sein Gesicht war nass von den Tränen, die er geweint hatte.

Ich wischte sie mit dem Handrücken weg. Ihn so leiden zu sehen, konnte ich nicht ertragen. „Aber hier ist es schön. Ich kann bei dir sein, wir sind endlich zusammen.“

Elvis umrahmte mit beiden Händen mein Gesicht und berührte mit seiner Nasenspitze die meine. „Bitte, Maya! Kämpfe! Du bist noch nicht so weit. Dein Leben wird dir noch so viele wundervolle Momente bescheren. Es werden natürlich auch mal Tränen kommen, aber das gehört dazu. Es lohnt sich, es wird sich immer lohnen zu leben!"
Ich sah ihn erneut an. Sein liebevoller Blick beschwor mich, durchflutete mich.
Auf einmal spürte ich diese Kraft, diese Geborgenheit, die mich wie ein warmer Mantel umhüllte. Es waren seine Worte, die das erreicht hatten. Nie zuvor hatte jemand so sehr um mich gekämpft! Jetzt musste ich auch kämpfen! Mit einem Mal glaubte ich daran, wusste, dass es das Richtige war.
Ich zog Elvis erneut an mich heran und küsste ihn. Der Kuss schmeckte nach Salz, nach Liebe und nach Hoffnung. Hoffnung. Noch nie zuvor hatte ich so viel Hoffnung.
Dann riss ich die Augen auf. Ich lebte.

Sechs Monate später:
Ich betrat den langen, trostlosen Flur der Klinik. Die Deckenleuchten gaben gedämpftes Licht. Es war einschläfernd und trostlos. Dennoch spürte ich endlich wieder Freude in mir. Langsam steuerte ich den Aufenthaltsraum an, lugte kurz hinein. Sandra (litt an einer Suchtstörung) spielte mit Theresa (litt an einer Essstörung) und Tim (war bipolar) ‚Mensch ärgere dich nicht'. Einer unserer Pfleger verfolgte scheinbar gespannt das

Spiel. Ich verstand mich ganz gut mit ihnen, hatte jedoch keine Lust, mitzuspielen.

„Maya", rief mich Martin, einer der Pfleger. Ich sah zu ihm hinüber. „Besuch für dich", kündigte er lächelnd an.

Ich nickte bloß und steuerte mein Zimmer an. Meine Eltern waren doch schon gestern gekommen, dachte ich und passierte unsere Kunstwand, an dem die unterschiedlichsten Werke der Patienten hingen. Von Abstrakt- bis Natur- und Selbstportraits war alles vertreten. Der Mal-Kurs war Teil des Therapieplans und machte mir viel Spaß. Ein gemaltes Bild von einem Sonnenaufgang am Meer stammte von mir, ein Bild meiner Nahtoderfahrung. In der Zwischenzeit verstand ich mich mit Mama und Papa besser. Nie hatte ich das für möglich gehalten. Mein Vater hatte sich für meinen Selbstmordversuch verantwortlich gefühlt und mir eine neue Seite von sich gezeigt. Auf einmal war er fürsorglich und liebevoll. Er und Mama schmiedeten Pläne für mich nach meiner Entlassung. Ich würde mein Abi nachholen und studieren. Welches Fach, das wusste ich bisher noch nicht genau. Ich zog Jura in Betracht. Ich wollte etwas Sinnvolles aus meinen Leben machen. Die Therapie hatte mir, wenn ich ehrlich war, sehr geholfen. Ich lernte noch mehr über meine Borderline-Störung als beim ersten Mal. Ich fühlte mich selbstsicher und stärker. Das hatte ich Elvis zu verdanken. Niemals würde ich ihn vergessen. Er hatte mich gerettet. Ja, das Leben war kostbar, man musste jede Sekunde genießen, auch das hatte ich gelernt. Die Vergebung war ein wichtiger Schritt, sich von Altlasten zu befreien, wie mir meine Therapeutin angeraten hatte. So hatte ich

es auch endlich geschafft, mit dem Vergangenen Frieden zu schließen und meinem Vater zu verzeihen. Ich wollte noch einmal ganz von vorne anfangen.
Ich machte Fortschritte, und meine Entlassung rückte immer näher. Bei dem Gedanken drückte ich lächelnd die Türklinke meines Zimmers herunter. Mir stockte der Atem, als ich plötzlich einen dunkelhaarig gelockten Mann mit einer Narbe an der Stirn entdeckte, der mich frech angrinste. „Hey", sagte er.
Mit pochendem Herzen lief ich geradewegs auf ihn zu.

**Diese Geschichte spukte schon eine ganze Weile in meinem Kopf herum. Auslöser war ein Wandspiegel, den ich einst aus einem Einrichtungsgeschäft gekauft hatte. Ich stellte mir vor, wie es wohl wäre, in einer seitenverkehrten Welt (Spiegelwelt) zu leben. Alles wäre gleich und irgendwie doch nicht.*
Auch wenn es zum Ende hin sehr heftig zugegangen ist, soll diese Geschichte Betroffenen Mut machen, all denjenigen, die depressiv, hoffnungslos sind oder sogar suizidale Gedanken hegen. Es lohnt sich immer, dagegen anzukämpfen, eine Therapie zu machen. Sprecht mit einem Freund oder ruft das deutsche Seelsorgen-Telefon an, das an 365 Tagen rund um die Uhr und noch dazu gratis zu erreichen ist. Sprecht über eure Sorgen.

Es einmal vor jemandem ausgesprochen zu haben, kann ein ganzes Stück der Last von einem nehmen. Plötzlich merkt man, dass man Fortschritte macht, weil es von Tag zu Tag besser wird. Auch wenn es Rückschläge gibt, kann man gewinnen, wenn man am Ball bleibt – und zwar den größten Preis überhaupt. Das Leben ist schön.

In den Armen des Narzissten

An diesem Sonntag war ich krank wie auch die anderen Tage zuvor. Eine Grippe hatte mich heimgesucht. Ich wusste, dass mein Freund an diesem Morgen von seinem Dienst bei der Feuerwehr zurückkehren und sich wahrscheinlich auch sofort aufs Ohr legen würde. Von daher blieb ich in meinem warmen, kuschligen Bett liegen. Als ich dann gegen zehn Uhr aufstand, gab es noch immer keine Spur von ihm. Komisch, dachte ich, normalerweise hatte er es nach den Nachtdiensten immer eilig, nach Hause zu kommen. Einfach war das Leben, das ich mit ihm führte, nicht, denn bei jeder Gelegenheit kritisierte er meinen Job als Tierpflegerin in einem Zoo. „Ständig die Scheiße von Elefanten oder

Affen wegmachen, das ist echt eine niedrige Arbeit.“ Seine abfälligen Aussagen verletzten mich ständig. Zudem hatte er überhaupt keine Ahnung von den Tätigkeiten einer Tierpflegerin, zu deren Aufgaben bedeutend mehr gehörte, als Tiermist wegzumachen …

Christoph war ständig so gewesen. Er schien sich gut dabei zu fühlen, mich zu demütigen und runterzumachen. Wahrscheinlich wertete das sein eigenes Ego auf, sagte ich mir dann immer. Außerdem wollte er, dass ich meine Arbeit an den Nagel hängte und endlich mit ihm eine Familie gründete. Eines Tages wollte ich sicher Mutter werden, aber nicht unbedingt in den nächsten zwei Jahren. Ich war schließlich erst vierundzwanzig Jahre jung und wollte noch etwas von der Welt sehen.

„Hey, was machst du noch im Schlafanzug?“, erreichten mich Christophs Worte.

Ich stand in der Küche, um mir einen Tee zu kochen. Entgeistert drehte ich mich zu ihm um. Er hatte eine Hand in die Hüfte gestemmt, in der anderen Hand hielt er einen großen Pappteller mit Obstkuchen. „Meine Eltern kommen jeden Moment“, fügte er beiläufig hinzu und zog eine Augenbraue nach oben. Seine dunkelblauen Augen fixierten mich kritisch.

„Was? Wieso sagst du denn nicht eher was?“, erwiderte ich und schüttelte verärgert den Kopf.

Christoph schnaubte. „Ich hab dich unterwegs angerufen, aber meine Freundin geht natürlich nie an ihr Handy.“ Er stellte den Teller auf dem Küchentisch ab und fuhr sich durch seine schulterlange blonde Mähne.

Rasch lief ich ins Wohnzimmer zum Schreibtisch. Dort hatte ich mein Smartphone zum Laden gelassen. Angespannt spähte ich auf das Display und lief zurück zu ihm in die Küche. Christoph war gerade dabei, Teller und Besteck auf dem Tisch zu platzieren.

„Im Ernst jetzt?“, sagte ich und blitzte ihn wütend an. „Du hast vor fünf Minuten angerufen.“

Christoph zog seine Stirn in Falten und funkelte mich böse an.

„Beweg gefälligst deinen Arsch und zieh dich endlich an!“

„Hör auf, so mit mir zu reden, sonst bleib ich oben im Bett, wo ich auch eigentlich hingehöre. Außerdem möchte ich auch mal gefragt werden, bevor du jemanden einlädst, oder zumindest will ich, dass man mir eher Bescheid gibt als kurz vorher.“

„Ich kann ja wohl einladen, wen ich will und wann ich will. Du hast mich sowieso schon mit diesem Mist angesteckt. Dir habe ich diesen anstrengenden Dienst mit Schnupfen und Kopfschmerzen zu verdanken, wahrscheinlich auch Fieber. Alles deine Schuld!“, herrschte er mich an und schnalzte mit der Zunge.

„Dann wäre es doch besser, deine Eltern würden uns nicht besuchen.“

„Die stecken sich nicht so schnell an, und sie wollten kommen. Meine Mutter kümmert sich wenigstens um mich, sie hat mir Suppe gekocht. Deinen Fraß kann man ja nicht genießen.“

Hitze stieg mir in die Wangen. Wie konnte er es wagen? Stets kochte ich nach meiner Arbeit für uns, sogar, wenn Christoph frei hatte. Immer.

„Ach, auf einmal schmecken dir meine Aufläufe also nicht mehr? Dann lass ich das in Zukunft wohl besser sein."
„Zieh dich jetzt sofort an!", brüllte er.
Ich hatte keine Wahl. Wenn ich nicht noch mehr Ärger bekommen wollte, musste ich es tun. Noch gerade eben schaffte ich es, in Sweatshirt und Jeans zu schlüpfen, da schellte es schon an unserer Wohnungstür. Ich rollte mit den Augen und öffnete.
Christophs Eltern standen mit einem breiten Lächeln vor mir.
„Hallo, Liebes", sagte Hilde und umarmte mich herzlich. Trotz ihrer kurzen, grauen Haare hatte Hilde noch ein faltenfreies Gesicht. Sie war wunderschön.
„Natascha, alles klar?", flötete mir Manfred entgegen. Der dicke schwarze Vollbart ersetzte das fehlende Haar auf seinem Kopf, denn er trug eine Glatze. Anders konnte ich ihn mir überhaupt nicht vorstellen. Es passte ganz einfach zu ihm.
„Na ja. Immer noch krank. Aber es wird allmählich besser", antwortete ich wahrheitsgemäß und schloss die Tür hinter ihnen zu.
„Hier ist etwas Suppe für dich und Christoph", meinte Hilde und drückte mir einen großen Topf, der mit Alufolie zugedeckt war, in die Hand. Ich bedankte mich und stellte das Essen auf dem Garderobenschrank ab. Zu meinem Glück verstand ich mich ganz gut mit seinen Eltern. Hilde war eine resolute, dennoch herzliche Frau und Manfred ein ruhiger, ausgeglichener Typ. Manchmal zweifelte ich daran, dass Christoph wirklich ihr leiblicher Sohn war, denn er hatte so gar keine Eigenschaften mit den beiden gemein. Manfred und Hilde liefen vor in die Küche, wo Christoph sie auch schon in Empfang nahm, sie herzte und küsste. Bei

ihnen war er so liebenswürdig, so verständnisvoll. Warum konnte er das bei mir nicht mehr sein? Warum behandelte er mich so mies? Als wir uns vor fünf Jahren kennengelernt hatten, war er stets zuvorkommend und liebevoll zu mir gewesen. Er hatte mir jeden Wunsch von den Augen abgelesen. Wir hatten so viel gelacht, wir waren so glücklich gewesen. Doch nachdem wir vor zwei Jahren nach Bottrop gezogen und eine gemeinsame Wohnung genommen hatten, hatte er sich als Tyrann entpuppt. Warum ich noch immer hier bei ihm war, das wusste ich selbst nicht genau. Gut, es gab immer mal wieder ruhige Phasen, in denen wir essen oder ins Kino gingen und uns amüsierten. Es gab auch – wenn auch wenig – zärtliche Zeiten. In diesen Momenten war ich glücklich. Aber konnten ein paar glückliche Stunden diese vielen schattigen überwiegen? Oder hatte ich einfach nur Angst davor, mich zu lösen, komplett neu anzufangen? Das fragte ich mich immer öfter.

Christoph saß neben seiner Mutter am Tisch und unterhielt sich mit ihr über seinen letzten Dienst. Manfred erkundigte sich derweil bei mir nach meinen Eltern.

Immer wieder suchte ich die Unterhaltung mit Christoph, doch er ignorierte mich, sah mich nicht einmal an. Auch diese Masche kannte ich schon. Er war sauer, weil ich ihm widersprochen hatte. Nachdem wir alle aufgegessen hatten, zeigte Christoph seinen Eltern sein neu eingerichtetes Aquarium im Wohnzimmer. Ganz besonders stolz war er auf seine Piranhas. Noch immer behandelte er mich wie Luft, so dass meine Stimmung mehr und mehr in den Keller sank. Zusätzlich meldeten sich meine

Kopfschmerzen zurück. Sobald seine Eltern wieder nach Hause führen, würde ich mich zurück in mein Bett legen. Dringend musste ich fit sein für morgen, wenn die Arbeit wieder losging. Während Manfred und Hilde die Fische bestaunten, bat ich Christoph für ein Gespräch in die Küche. Zu meiner Überraschung kam er meiner Bitte nach. Ich schloss die Tür hinter uns und sah ihn beschwörend an.

„Können wir wieder normal miteinander reden?"

„Ne, ich glaub nicht, dass du das verdient hast."

Ein Kloß setzte sich in meiner Kehle fest. Ich hasste es, wenn er mich auf diese Weise folterte. „Was habe ich dir Schlimmes getan?"

Er schnaubte und fuhr sich mit einer Hand durchs Haar. „Das fragst du noch?" Seine Stimme wurde lauter. Er nahm einen Apfel aus dem Obstkorb, der auf der Arbeitsplatte stand und schmiss ihn mit voller Wucht auf den Boden, so dass Stücke davon in alle Richtungen flogen.

Tränen stiegen mir in den Augen. „Warum, Christoph?"

„Warum?", wiederholte er und stieß die halbvolle Tasse Kaffee, die auf dem Tisch stand, um. Er floss schließlich auf den Boden. Ebenso flossen auch meine Tränen. Es schien, als wäre Christoph inzwischen richtig in Fahrt gekommen. Wild gestikulierte er mit den Händen und schniefte wie ein wildgewordener Stier. „Du musst immer weiter bohren und fragen und diskutieren? Weißt du eigentlich, wie nervig das ist? Ich hatte dir gesagt, dass meine Eltern kommen, aber anstatt dich sofort umzuziehen, musstest du mich mit Vorwürfen bombardieren."

Er nahm den Tortenheber, der griffbereit auf dem Tisch lag und schmiss ihn gegen mich. Er schleuderte gegen meinen Brustkorb, fiel zu Boden, wo er dann zerbrach.
„Was ist denn hier los?“, hörte ich seine Mutter sagen.
Ich rieb mir mit der Hand über den schmerzenden Brustkorb. Durch einen Schleier von Tränen sah ich, wie sich Hilde auf mich zu bewegte, mich in den Arm nahm.
Augenblicklich überkam mich ein Heulkrampf.
„Ist ja gut, Natascha“, flüsterte sie mir sanft zu und streichelte mir über den Arm.
Derweil redete sein Vater ein ernstes Wort mit seinem Sohn.
Erleichterung befiel mich. Endlich sahen sie mit eigenen Augen, wie aggressiv und boshaft ihr lieber Junge doch sein konnte. In der Öffentlichkeit trug Christoph stets eine perfekte Maske.
„Wie lange behandelt er dich schon so?“ Hilde zog mich auf dem Stuhl, während sie dicht vor mir hockte, mir mit dem Fingerknöchel die Tränen aus dem Gesicht wischte und mir schließlich ein Taschentuch entgegenstreckte.
„Seit wir hier wohnen.“ Ich griff nach dem Tuch und schnäuzte meine Nase.
„Was, seit zwei Jahren?“ Fassungslos schüttelte sie den Kopf.
Ich vermied es allerdings, Hilde davon zu erzählen, dass mir Christoph letztes Jahr den Arm blau geschlagen hatte. Ich wollte sie nicht noch mehr aufregen.
Eine ganze Stunde nahmen seine Eltern Christoph ins Gebet. Sie forderten fortan Besserung.

„Man geht so nicht mit einer Frau um! So habe ich dich nicht erzogen“, sagte Manfred. In seinen Augen las ich blankes Entsetzen. Beide waren mehr als nur geschockt. Ihr lieber Sohn war gar nicht so nett, wie sie geglaubt hatten. Wenn Hilde noch einmal erfahren sollte, dass er mich quälte, würde sie kein Wort mehr mit Christoph reden, drohte sie schließlich zum Abschied.

Schon wieder schwieg Christoph mich an. Umso besser, dachte ich und schlief bis abends.

Als ich wohlausgeruht in die Küche ging, um etwas zu essen zu machen, sah ich, wie Christoph die Steaks vertilgte, die ich eigentlich gerade für uns braten wollte. Am Küchentisch saß er und machte sich über das letzte Stück her.

Er hat mir nichts übriggelassen, dachte ich enttäuscht. Er wirkte kühl, geradezu abweisend. Es hatte den Anschein, als hätten die gesagten Worte seiner Eltern ihn nicht einmal ansatzweise beeindruckt, sondern eher kalt gelassen.

Ich verließ die Küche und schlenderte zum Bad. Doch bevor ich die Tür erreicht hatte, krachte der gesamte Wandschrank nach unten. Wenn ich nur ein paar Sekunden eher da reingegangen wäre, hätte mich der wuchtige Spiegelschrank womöglich erschlagen. Geschockt ging ich in die Hocke. Meine Atmung wurde schneller und schneller.

„Was hast du denn da angerichtet?“, war alles, was Christoph nun herausrief. Er bewegte sich langsam auf den Schrank zu und begutachtete die Spiegelscherben, die verteilt auf dem Boden herumlagen, wie auch Shampoo-Flaschen, Arzneien, Cremes,

Tampons und Ohrenstäbchen. Der komplette Schrank war zerbrochen. Erst kürzlich hatte Christoph einen neuen angedübelt gehabt, wahrscheinlich fehlerhaft. Doch anstatt das in Betracht zu ziehen, gab er natürlich wie üblich mir die Schuld für das ganze Chaos.
„Ich wäre fast von einem Schrank erschlagen worden, und das ist alles, was du dazu sagst?“ Ich konnte gar nicht in Worte fassen, wie viel Schmerz in meiner Brust tobte. Ich erhob mich und sah ihn durchdringend an. „Ich kann doch nichts dafür, dass der Schrank abgefallen ist! Sei froh, dass ich nicht schwer verletzt bin!“
Sichtlich unbeeindruckt stieß Christoph die Luft aus. „Die Doofen sterben halt nie aus.“ Er lachte höhnisch auf und ging in die Küche zurück.
Das war zu viel für mich. So schnell ich konnte rannte ich ins Schlafzimmer, packte alles Notwenige wie Unterwäsche, Hosen, Pullis und Socken in eine Reisetasche.
Währenddessen kam er auf mich zu und versuchte mich zu beschwichtigen. „Hey, das war nur ein blöder Scherz. Komm, wir vergessen, was heute war, und fangen von vorne an, okay?“
Ich zog den Reißverschluss der Tasche zu und wendete mich dann ihm zu. „Wie oft sollen wir noch von vorne anfangen, he?“ Beide Hände stemmte ich in die Hüften und erkannte einen Anflug von Panik in Christophs Gesicht.
„Komm schon, Schatz! Wir können doch über alles reden.“ Er griff nach meiner Hand, doch ich entzog sie ihm. Endlich fing ich an, klar zu sehen. Mein Entschluss stand fest.

*So viele Frauen weltweit stecken in einer toxischen Beziehung fest. Der Partner ist redegewandt, charmant und vor allem manipulativ. Oft gelingt es den Betroffenen nicht, sich aus dieser Spirale, die aus Lügen, Demütigungen und Liebesbekundungen besteht, zu befreien. Immer wieder sagen sie sich: „Das war das letzte Mal! Nochmal fall ich nicht auf dich rein! Du verletzt mich nie wieder."

Sehr oft ist es so, dass diese Frauen, obwohl sie es im Grunde fest vorhatten, nicht von ihrem Partner loskommen. Sie sind ihm quasi hörig, denn immer und immer wieder hoffen sie, dass beim nächsten Mal alles besser wird, dass er es verstanden hat und sie von nun an wertschätzt und akzeptiert. Doch ein Narzisst ändert sich nicht. In seinem Universum wird er immer recht haben, und es wird eher unwahrscheinlich sein, dass er sich um hundertachtzig Grad dreht ...

Auch wenn diese Geschichte fiktiv ist, hoffe ich, einigen Betroffenen dennoch zu zeigen, dass sie mit diesem Problem nicht alleine sind und sie erkennen, dass es einen Lösungsweg gibt, auch wenn dieser nicht einfach ist.

Danksagung

Von ganzem Herzen möchte ich Danke sagen, an:

Meine Verlegerin, Manuela Klumpjan. Danke, dass du an meine kleine Geschichtensammlung und die Idee dahinter geglaubt hast. Danke, dass du dieses Herzensprojekt mit mir zusammen verwirklicht hast! Diese Geschichten sind so wichtig, eine davon, „Emily“ ein Teil meiner Lebensgeschichte. Mir macht die Zusammenarbeit mit dir so viel Spaß und ich freue mich so sehr, dass wir ein Team sind.

Renate Habets. Vielen herzlichen Dank für dein Lektorat, liebe Renate! Es war sehr lehrreich für mich und hat mir wie immer Spaß gemacht. Es bereitet mir große Freude, mit dir zusammen zu arbeiten.

Ein ausdrückliches Dankeschön gilt Michael Frädrich für die großartige und tolle Covergestaltung. Ich bin von deinen Covern stets begeistert.

Meine Schwester, Stephanie Fischer und Gefion Clausen – ihr wart mir eine große Hilfe und Motivation.

Ein außerordentliches Dankeschön geht natürlich an meine Leser. Danke, dass ihr meine Geschichten gelesen habt. Ich hoffe, sie haben Mut und Kraft geschenkt.

Über die Autorin

Christiane Fischer wurde 1986 in Gelsenkirchen geboren und lebt mit ihrer Tochter und ihrem Mann in Essen.
Sie ist gelernte Einzelhandelskauffrau.
Seit der Schulzeit verfasst sie Kurzgeschichten. Durch das Schreiben von Märchen und Fabeln erhielt sie ein erstes Gespür für Charakterentwicklungen, Plot-Strukturen und Prämissen.
Von 2017 bis 2020 trat Christiane regelmäßig mit ihren Texten auf Poetryslams auf wie zum Beispiel bei „WortLautRuhr", „Dachstudio-Slam" oder „Reim in Flammen".
Sie wollte ihre Ansichten zu dieser Gesellschaft offenlegen und zeigen, dass es in Ordnung ist, Macken, Zweifel und Ängste zu haben. In all der Zeit hat Christiane jedoch ihr eigentliches Ziel nie aus den Augen verloren: das Romanschreiben. Sie möchte Geschichten schreiben, bei denen der Leser mit den Protagonisten
mitfiebert. Leidenschaftlich gern verfasst sie Liebesgeschichten und sieht es dabei als Herausforderung an, über Themen zu schreiben, über die in der Regel eher geschwiegen wird wie Diskriminierung, Ausgrenzung oder Traumata.

Facebook: Christiane Fischer
Instagram: christiane_schreibt

Weitere Bücher der Autorin

Sturm in meinem Kopf

Liebesroman

Auf der Flucht vor ihrem gewalttätigen Ex-Freund sucht Lena Schutz bei ihrem damaligen Jugendfreund Adnan. Dafür zieht sie von Duisburg nach Berlin. Als Lena ihm das erste Mal nach dreizehn Jahren wieder gegenübersteht, merkt sie, dass sich an ihren Gefühlen von damals nichts geändert hat. Im Gegenteil: Er lässt ihr Herz höherschlagen, höher als jemals zuvor. Schon lange plagen sie starke Konzentrationsstörungen. ADHS wird vermutet. Kann sie sein Herz dennoch erobern? Denn Lena trägt zudem ein dunkles Geheimnis mit sich herum, das einer Partnerschaft im Wege steht ...

Paperback, 13,5 x 21 cm, 312 Seiten

März 2023

ISBN: 978-3-96174-119-9

Paperback, 13,5 x 21 cm, 312 Seiten

VK: 14,95 €

3 Herzen in einer Brust

Tabata leidet an einer dissoziativen Persönlichkeitsstörung. Gleich 3 Persönlichkeiten gestalten ihr Leben, was ihren Alltag nicht gerade einfacher macht. Denn die Welt da draußen soll davon nichts mitbekommen.

Alles läuft gut, sogar die neue Arbeit in einem Club macht ihr ausgesprochen viel Spaß. Sie scheint endlich den Absprung geschafft zu haben. Doch dann taucht Jakob auf, der Sohn ihres Chefs.

Ein Blick in seine smaragdgrünen Augen genügt, um ihr Herz höher schlagen zu lassen. Doch hat so eine Liebe eine Chance? Werden ihre anderen Persönlichkeiten ihn akzeptieren und wie reagiert Jakob selbst darauf, wenn er von ihrer Krankheit erfährt?

Unerwartet muss sie sich ihrer Vergangenheit stellen ...

Paperback, Format 13,5 x 21 cm, 264 Seiten
April 2022
ISBN: 978-3-96174-104-5
VK: 11,95 €

Handicap-Liebe

Marie wittert den Durchbruch als Redakteurin. Dafür muss es ihr nur gelingen, den ehemaligen Spitzensportler Lars Franke zu einem Interview zu bewegen. Doch seit der Leichtathletik-Profi mit Querschnittslähmung im Rollstuhl sitzt, verweigert er der Presse jeden Kontakt. Aufgeben war jedoch noch nie eine Stärke von Marie. So wählt sie einen ungewöhnlichen Weg, um mit Lars in Kontakt zu kommen. Dass dieser dabei auch ihr Herz berührt, war so nun wirklich nicht geplant.
Es beginnt eine emotionale Zeit, die neben Spannung und Aufregung auch tiefe Einblicke in das Leben eines Rollstuhlfahrers offenbart.

Format 14 x 20 cm, 276 Buchseiten, Paperback
ISBN: 978-3-96174-096-3
November 2021
VK: 11,95 €

Außerdem hat sie an zahlreichen Anthologien mitgeschrieben:

ISBN: 978-3-96174-102-1

ISBN: 978-3-96174-118-2

ISBN: 978-3-96174-123-6

ISBN: 978-3-96174-113-7

… und einige weitere …